LE CONGO-KINSHASA
ET L'URGENCE DES RÉFORMES

Fédération, confédération, balkanisation

Jean-Pierre SAÏLA NGITA

LE CONGO-KINSHASA ET L'URGENCE DES RÉFORMES

Fédération, confédération, balkanisation

L'Harmattan

5-7, rue de l'Ecole-Polytechnique, 75005 Paris

http://www.librairieharmattan.com

ISBN : 978-2-336-42654-9
EAN : 9782336426549

Dédicace

À mes parents Thérèse et Marcel, nés dans la deuxième décennie de l'ère du Congo belge après la Première Guerre mondiale. Ils ont vécu la transition de l'indépendance avec l'espoir de l'avènement d'un autre monde meilleur. Ils sont partis laissant derrière eux un pays plein d'impondérables et sans lendemain,

À mon ami Claude Lechat, paix à ton âme. Nous avons sillonné dans les années 80 avec d'autres collègues congolais, le vaste territoire du Congo dans le cadre de la réhabilitation et la planification des réseaux électriques du Congo. À deux, nous nous posions de nombreuses questions quant au devenir de ce pays.

Remerciement

À ma famille et à toutes les personnes que j'ai rencontrées pendant la rédaction de ce livre, qu'ils trouvent ici l'expression de ma gratitude pour leurs contributions respectives qui m'ont permis de nuancer certains passages de cet ouvrage.

Discours du Pape François à Kinshasa

Extraits du discours du Pape François à Kinshasa le 31 janvier 2023 à la rencontre avec les autorités congolaises, les représentants de la société civile et le corps diplomatique.

1. « À propos de chimie, il est intéressant de noter que les diamants sont constitués des seuls atomes de carbone, lesquels, s'ils étaient reliés différemment, formeraient du graphite. La différence entre la luminosité d'un diamant et l'obscurité du graphite provient de la manière dont les atomes individuels sont disposés dans le réseau cristallin. Cette métaphore exprime le fait que le problème n'est pas la nature des hommes ou des groupes ethniques et sociaux, mais la manière dont on décide d'être ensemble. La volonté ou non de se rencontrer, de se réconcilier et de recommencer fait la différence entre l'obscurité du conflit et un avenir lumineux de paix et de prospérité. »

2. « Celui qui détient des responsabilités civiles et gouvernementales est appelé à agir avec une clarté cristalline, en vivant la fonction reçue comme un moyen de servir la société. Le pouvoir n'a de sens en effet que s'il devient service ».

3. Il y a des siècles, saint Augustin, né sur ce continent, se demandait déjà : « Si la justice n'est pas respectée, que sont les États, sinon des bandes de voleurs ? ».

Préambule

À chaque avènement d'un nouveau pouvoir au Congo, des espoirs naissent pour le peuple, le peuple congolais, dont la majorité de citoyens vit dans le désespoir depuis des décennies. Ce désespoir a entrainé la déchéance des valeurs morales qui se manifeste de diverses manières dont l'attachement irrationnel à la tribu qui conditionne le mental de nombreux citoyens.

Outre les violences subies lors des luttes tribales antérieures, ce peuple a souffert des contraintes impitoyables sous le règne du Souverain Léopold II, ensuite celles plus modérées de la colonisation belge et enfin depuis le 30 juin 1960, date de l'indépendance du pays, le peuple congolais subit une misère plus grave avec ses propres filles et ses propres fils aux commandes du pays.

Il est inacceptable qu'un État doté de ressources quasi incommensurables avec certains minerais que l'on ne retrouve que dans son sous-sol puisse héberger des individus qui soient comptés parmi les plus pauvres du monde. À part ceux qui ont volontairement fait le choix d'émigrer, nombreux sont ceux qui ont été contraints de quitter le pays et se retrouvent parfois dans l'obligation de se rabaisser pour obtenir un emploi et solliciter une nationalité étrangère pour la survie et la garantie de l'avenir de leur progéniture.

Cela se comprend pour des gens vivant dans des zones désertiques, victimes d'inondations ou d'éruptions volcaniques, mais incompréhensible pour le peuple ou les peuples de ce grand pays d'Afrique centrale, la République démocratique du Congo. En fait, le sort que vivent les Congolais soulève de nombreuses questions qui, lorsqu'on s'y penche un peu, troublent la conscience du commun des mortels.

La perte des valeurs morales fait que dans ce pays, on passe quotidiennement de l'état de corrupteur à celui de corrompu sans s'en rendre compte et vice-versa. C'est pour dire que la corruption est partout. L'attachement irrationnel à la tribu est un fléau qui devient plus visible, rendant amère la vie de toute personne de bonne moralité.

La société congolaise est une société communautariste. Malgré les abus de tout genre subis, aucune communauté ne déclare ouvertement son détachement. Il y a plus de 450 tribus en République démocratique du Congo se côtoyant dans l'hypocrisie avec à la clé l'idée que le Congo est le pays de nos ancêtres, que Dieu aime le Congo, donc restons unis.

Dieu aime-t-Il particulièrement le Congo, et pourquoi n'aimerait-Il pas les autres pays du monde ? La distribution de l'illusion est l'arme efficace pour endormir les peuples. J'ironise même que dans ce pays, il y a des gens qui croient que c'est Dieu qui a tracé la carte géographique du Congo.

Non, c'est le roi des Belges Léopold II et l'explorateur anglais Henry Morton Stanley qui ont façonné le Congo qui porte aujourd'hui le nom de la République démocratique du Congo, initialement appelé « État indépendant du Congo », EIC en sigle, et plus tard Congo belge jusqu'à l'indépendance. Leopold II est le premier souverain du Congo, le premier Chef de l'État du Congo.

Ce livre ne s'inscrit pas dans la politique politicienne, encore moins une prétention aux doctes. C'est simplement un essai qui apporte des idées aux nationaux et à tous ceux qui aiment ce pays et ses habitants pour provoquer et lancer un débat sur de vrais sujets en vue de choisir sans délai la voie qui convient le mieux aux peuples.

Léopold II
Deuxième Roi des Belges
et Premier Chef de l'État du Congo
1865 à 1908
Source : Photo www.alamy.com

Introduction

Le texte que je donne à lire a pour fondement l'urgence et la priorité à consacrer à la réforme de l'État en République démocratique du Congo.

En effet, la République démocratique du Congo a pour défis majeurs de gouvernance la corruption, la médiocrité dans l'exercice du pouvoir, l'attachement irrationnel à la tribu (le tribalisme), l'effervescence religieuse qui s'apparente à l'opium du peuple, la baisse du niveau et la faillite de l'enseignement. A cela s'ajoute un déficit notoire de civisme dans la vie de tous les jours. Le Congo peine à se construire un État-nation, une véritable démocratie et un État de droit pour garantir la paix, la sécurité et le développement social harmonieux.

L'objectif de ce livre est de provoquer et de lancer un débat sur de vrais sujets en vue de choisir sans délai la voie qui convient le mieux aux peuples congolais. Ces pages ne prônent pas la division des peuples, mais voudraient s'inscrire dans la ligne d'élévation de la conscience des peuples pour parvenir à de meilleurs choix du type de pays qui correspondrait au mieux au développement intégral de l'espace Congo. Le fédéralisme ou un régime quelconque ne devrait pas faire peur.

La réforme de l'État congolais est une matière à multiples facettes, si vaste qu'elle ne peut être épuisée par une seule contribution. Les apports et réflexions des autres sont indispensables et souhaitables pour enrichir ma modeste réflexion. Aussi, je suis bien conscient du hiatus entre les cogitations théoriques, les travaux de laboratoires, les travaux des bibliothèques et la mise en œuvre sur le terrain concret de la pratique où différents acteurs entrent en jeu. Le lecteur est invité à l'impartialité et de s'affranchir de tout jugement prématuré surtout pour les idées innovatrices en rapport avec les us et les habitudes acquises.

Ces pages sont organisées en différents chapitres. Après le rappel des extraits du discours du Pape François lors de son voyage à Kinshasa et le préambule, le premier chapitre concerne l'histoire du Congo avant Léopold II. Le deuxième point a pour matrice la création du Congo. J'évoque ensuite l'indépendance du Congo au point suivant. Le quatrième chapitre porte sur l'exercice du pouvoir au Congo. La suite est constituée des réflexions sur l'attachement irrationnel à la tribu, les pratiques religieuses, l'éducation de la jeunesse et l'apprentissage de la démocratie. Le chapitre neuf et les trois suivants donnent les matières spécifiques en vue d'un débat citoyen pour un État unitaire de quotas, un État fédéral de quotas ou une Confédération. Je termine par un brin de tourisme au Congo au chapitre treize suivi d'un épilogue.

1

Histoire du Congo avant Leopold II

L'absence d'écriture et le contexte socioculturel rivé sur la seule culture de l'oralité limitent la connaissance de l'Antiquité et de la période précoloniale. Cependant, l'archéologie, l'anthropologie et la géographie aident à comprendre et à se faire des idées plus ou moins claires sur ce qui s'est passé avant. Le bassin du Congo était connu depuis bien avant les découvertes rapportées par l'histoire dès le 15e siècle. La célèbre carte géographique du monde du philosophe Ptolémée au début de notre ère, au premier siècle, situait déjà approximativement le massif du Ruwenzori et les Grands Lacs. Dans le vieux monde on parlait des Pygmées et du célèbre mammifère l'okapi à partir des écrits de Pline l'ancien, d'Aristote et de hiéroglyphes datant d'il y a 2500 ans.

Seuls les Pygmées étaient là au départ en 5000 avant Jésus-Christ. Ils étaient adeptes des outils en pierre et utilisaient des plantes aux pouvoirs curatives et hallucinogènes. Les Bantous vivaient dans une région située entre le Cameroun et le Nigéria dans la vallée de la Bénoué. Ils étaient chasseurs-cueilleurs et s'étaient émancipés avec des connaissances en métallurgie du fer, des techniques de fabrication de poteries et de l'agriculture. Ils ont émigré progressivement jusqu'à occuper toute l'Afrique subsaharienne. C'est autour de l'an 2000 avant Jésus-Christ que ce mouvement eut lieu en Afrique centrale. Les causes de cette émigration seraient, entre autres, l'épuisement des ressources locales (terres agricoles), la pression démographique (surpopulation), les luttes entre tribus rivales, etc.

Les Pygmées, premiers occupants de l'Afrique centrale, sont ainsi poussés vers les forêts denses. Dans ce mouvement migratoire, les Bantous se sont mélangés avec des populations pygmées d'Afrique centrale, avec des populations d'Afrique de l'Est et avec des populations d'Afrique australe. Les peuples bantouphones du Congo s'établissent sur leur terroir actuel entre 800 et 1000 après Jésus-Christ, les Zandés et les Mangbetus venant du Soudan ont occupé le nord du Congo vers l'an 1700.

Des royaumes et des empires du Congo se sont constitués effectivement à partir du 13e siècle selon les récits des voyageurs européens, des premiers missionnaires et des explorateurs.

De nombreux événements importants ont émaillé la période allant de l'an 1000 à la création de l'État indépendant du Congo par Leopold II en 1885, période dans laquelle le pouvoir était globalement tenu par des autochtones des royaumes, empires et clans locaux. Ces organisations ont vu le jour, certains ont connu leur apogée tandis que d'autres ont sombré dans la décadence pour diverses raisons.

La traite des esclaves qui a duré près de trois siècles et demi, de 1559 à 1880, a été l'évènement marquant de cette période qui a entrainé le dépeuplement et la désorganisation des structures politico-sociales traditionnelles existantes. Cette activité de commerce d'êtres humains a déporté des millions d'individus. Elle a sévi au Congo à l'Ouest par les Européens et à l'Est par les Arabo-Swahilis[1]. À noter toutefois que l'esclavage était une pratique établie de longue date dans l'histoire des sociétés africaines par diverses civilisations depuis l'Antiquité et qui semble par ailleurs continuer jusqu'à aujourd'hui.

À tout prendre, on peut dire que les peuples du Congo sont le résultat des mouvements migratoires d'individus qui ont occupé des contrées diversement pour constituer des familles, des tribus et des ethnies. Il y eut des guerres entre les tribus, du cannibalisme, de la famine et des règlements de compte au rythme de la pratique de la sorcellerie. On dit que les pygmées, les premiers occupants n'avaient pas résisté aux Bantous qui disposaient déjà d'un armement en fer avec des guerriers spécialisés.

Les Européens ont fait leur entrée par la force et par la ruse, profitant, entre autres, des mésententes entre les tribus autochtones et en plus ils disposaient de l'arme à feu qui tue à distance par rapport aux flèches, même celles empoisonnées des autochtones.

---

[1] Arabo-Swahili : bantous musulmans originaires de Zanzibar.

Le Royaume Kongo, qui avait accès à la mer, a été pour le Congo la première entité à connaitre l'intrusion des Européens par les Portugais au XVe siècle dont l'impact a marqué le royaume et d'autres civilisations africaines côtières.

Les pages qui suivent portent sur la création du Congo.

2

La création du Congo

Dans son ambition de doter une colonie à la Belgique, le roi Léopold II, très habile et très visionnaire, a organisé la conférence géographique de Bruxelles consacrée à l'Afrique en septembre 1876. Cette conférence décida de la création de l'Association internationale pour l'exploration et la civilisation de l'Afrique connue sous la dénomination de l'Association Internationale Africaine (AIA). L'objectif de cette conférence fut de débattre sur des questions scientifiques des explorations et de la nécessité humanitaire d'arrêter le commerce des noirs auquel se livraient les Arabes. Dans son discours inaugural à ladite conférence, le roi Leopold II dit : « Le sujet qui nous réunit aujourd'hui est de ceux qui méritent, au premier chef, d'occuper les amis de l'humanité. Ouvrir à la civilisation la seule partie du globe où elle n'a pas encore pénétré, percer les ténèbres qui enveloppent des populations entières, c'est, si j'ose le dire, une croisade digne de ce siècle de progrès ; et je suis heureux de constater combien le sentiment public est favorable à son accomplissement : le courant est avec nous »[2].

---

[2] CIBAKA Cikongo, *Le mal congolais, Lectures, constantes et conversions,* page 43

L'aventure congolaise du roi Léopold II commence quand il reçoit la nouvelle du retour en Europe du journaliste et explorateur de Grande-Bretagne Henry Morton Stanley qui venait de traverser l'Afrique équatoriale de part en part de l'océan Indien à l'océan Atlantique. Il enverra à Marseille deux émissaires pour le rencontrer et qui lui feront l'offre de servir l'AIA, l'Association Internationale Africaine. Mais Stanley refusa poliment puisqu'il espérait trouver des appuis dans le monde politico-financier de son pays, la Grande-Bretagne. Malheureusement pour lui il ne rencontra que scepticisme et méfiance à Manchester, à Liverpool et à Londres. Il se resigna et décida de prendre contact avec le roi Léopold II qu'il rencontra le 25 novembre 1878 à Bruxelles. De cette rencontre naquit un organisme exclusivement belge dénommé « Comité d'Études du Haut-Congo » dont l'objectif était de créer des établissements dans la cuvette congolaise et de faire communiquer le Bas-Congo avec le Haut-Congo par une ligne de chemin de fer. Stanley nota ceci : « Maintenant, je suis engagé par un peuple étranger pour essayer d'obtenir le Congo pour lui. Ainsi soit-il ! ».[3]

Par cet épisode, pourrait-on dire que le destin fit que le Congo « échappa » d'être un pays anglophone.

Dès ce moment, Stanley est devenu un agent de Léopold II. Revenu au Congo, il fit signer plus de cinq cents traités avec des chefs indigènes qui étaient dans l'obligation d'abandonner leur souveraineté et la propriété de leurs terres. Les traités étaient rédigés en français ou en anglais et signés par les chefs locaux

---

[3] Georges-Henri Dumont, La vie quotidienne en Belgique sous LEOPOLD II, page 12

illettrés ne s'exprimant naturellement pas dans ces deux langues. On peut vraiment se demander de ce qu'un être humain illettré pouvait imaginer devant ce genre d'agissements.

Sur le terrain, Stanley était en concurrence avec Pierre Savorgnan de Brazza qui travaillait pour le compte de la France. Au Sud-Est, les Belges Le Marinel et Alexandre Delcommune parvinrent à soustraire le Katanga aux ambitions de Cecil Rhodes au profit de Léopold II. Cecil Rhodes fut homme d'affaires et homme politique britannique, premier ministre de la Colonie du Cap en Afrique du Sud de 1890 à 1896. C'est un homme qui avait l'ambition de raccorder les possessions coloniales britanniques du Cap en Afrique du Sud au Caire en Égypte. Quelle ambition !

Un État était donc en train de prendre forme, et la conférence internationale de Berlin convoquée en Allemagne par le chancelier Bismarck reconnut Léopold II comme souverain propriétaire de l'État indépendant du Congo, EIC en sigle, le 26 février 1885. Cette propriété accordée à Leopold II laissait tout de même la liberté d'accès et de commerce à toutes les autres nations.

Deux mois plus tard, les 28 et 30 avril 1885, la Chambre des représentants et le Sénat belges adoptèrent respectivement la résolution : « Sa Majesté Léopold II, roi des Belges, est autorisé à être le chef de l'État fondé en Afrique par l'Association Internationale du Congo. L'union entre la Belgique et le nouvel État sera exclusivement personnelle »[4].

---

[4] L'Association internationale du Congo est une association créée le 17 novembre 1879 par Léopold II, à partir du Comité d'Études du Haut-Congo.

Les frontières du nouvel État furent consolidées progressivement entre 1885 et 1927 par des tractations entre les grandes puissances, dont le Portugal, l'Allemagne, l'Angleterre et la France.

La confiscation des terres des mains des autochtones n'était pas une entreprise facile pour les étrangers, car les autochtones avaient résisté à l'invasion européenne, mais les expéditions des explorateurs étaient composées d'individus sortis des armées et utilisant un armement perfectionné de l'époque. Malgré ces fortes résistances, les autochtones n'avaient finalement d'autres choix que de se mettre au service des étrangers. Pour obtenir les terres du Nord-Est et de l'Est du Congo, de rudes affrontements eurent lieu mettant l'armée de l'EIC (État indépendant du Congo) - la Force publique - aux prises respectivement avec les mahdistes du Soudan[5] et les Arabes d'origine du Zanzibar.

Notez que la Force publique (FP), force militaire et de police de l'État indépendant du Congo fut créée en 1885. Elle était dirigée par des officiers belges en majorité, mais il y avait aussi des officiers suisses, suédois et italiens. Les soldats étaient des Zanzibarites, des Nigérians et des Libériens. C'est à partir de 1886 que des autochtones ont commencé à être recrutés dans la Force publique.

L'association est dissoute en 1885 et ses structures reprises par l'État indépendant du Congo.

5 Les mahdistes du Soudan : Partisans du mouvement religieux musulman, social et politique apparu notamment en Inde au XVIIIe siècle et au Soudan au XIXe.

Donc du coup, les anciens royaumes furent découpés, répartis dans de nouvelles structures politico-administratives. Les populations perdirent chaque jour leur droit sur leurs propres terres. Le Royaume Kongo qui occupait un grand espace était coupé pour faire partie des espaces léopoldien, français et portugais. De même, le peuple de l'Empire Lunda se retrouva dans les espaces léopoldien, anglais et portugais. Les Ngbandi en territoire léopoldien et français, etc.

Les méthodes utilisées par les envoyés de Léopold II, lui-même n'étant jamais venu au Congo, étaient de recruter de force les hommes rencontrés sur le chemin de leur conquête, de confisquer leurs biens matériels et de faire signer de force des traités aux chefs indigènes illettrés pour acquérir des terres.

Léopold II avait des visées de conquêtes plus grandes dépassant l'étendue du Congo actuel. Si cela lui était possible, la Tanzanie, le Soudan du Sud et le Congo-Brazzaville auraient, peut-être, fait partie de son espace.

Après l'étape d'acquisition des terres est venu le temps du démarrage des grands travaux qui nécessitèrent d'importantes sommes d'argent pour développer des infrastructures, notamment la construction du chemin de fer de près de 400 kilomètres, reliant Matadi à Léopoldville (Kinshasa). Le roi obtint un emprunt à terme de la Belgique dont le remboursement pouvait être en nature c'est-à-dire l'annexion du Congo à la Belgique, soit le remboursement des capitaux obtenus.

Malheureusement pour le roi, les besoins d'argent étant devenus de plus en plus grands et avec le peu d'enthousiasme des

Belges en Belgique aux activités du Souverain au Congo, Léopold II mit en place un système d'impôts perçus sous forme de travail, en fait sous forme de travail forcé avec une brutalité inouïe et des mutilations sur les pauvres autochtones. Ces actes inhumains ont été commis, entre autres, lorsque les autochtones n'étaient pas en mesure de respecter les quotas exigés de production de caoutchouc et de l'ivoire.

Cela vaudra à Léopold II de violentes critiques. La maltraitance qu'enduraient les populations autochtones, bien que gardée secrète, fut finalement dénoncée par les missionnaires évangéliques et par l'Angleterre.

L'histoire renseigne que des débats houleux avaient lieu au parlement belge où des élus s'opposaient parfois violemment à la politique de civilisation chrétienne belge. Lors d'un débat sur la rallonge du financement des travaux du chemin de fer Matadi-Léopoldville, un leader politique, opposé au projet, s'exclama au Parlement un jour de mai 1896 « comment ose-t-on parler de civilisation chrétienne, au lendemain des inoubliables séances où, dans tous les parlements de l'Europe, des hommes de tous les partis ont dénoncé les horreurs commises par ceux qui prétendent civiliser les races inférieures ? [6]»

En fait, des comportements répréhensibles avaient été identifiés dans le chef des responsables des puissances coloniales œuvrant dans les colonies allemandes, anglaises et françaises.

---

[6] René J. CORNET, *La bataille du rail*, 3e édition, 1953

La gravité de la situation au Congo a failli motiver les grandes puissances d'organiser une autre conférence internationale qui pouvait faire arracher le Congo à Léopold II et le soumettre au partage des puissances de l'époque. Finalement, en 1906, Léopold II décida de céder le Congo à la Belgique. La concrétisation de l'acte eut lieu le 15 novembre 1908, jour de la fête de Saint Léopold. Le Congo devint colonie belge. Il est dit qu'une bonne part des archives de l'État indépendant du Congo avaient été brulées.

À partir de cette date, la Belgique en tant qu'État avait une colonie. Le pays est passé entre les mains de la Belgique qui a géré le Congo comme une entité distincte avec un gouvernement dont le pouvoir s'exerçait suivant une loi intitulée « La Charte coloniale ». L'application de cette Charte a permis de développer ce grand territoire africain avec efficacité par un effectif réduit de colons. En fait, l'organisation qui avait été mise en place par la Belgique et la paix qui a globalement régné pendant toute la durée de la colonisation ont été remarquables.

Par cette nouvelle étape de l'histoire, les Congolais ont connu malgré les contraintes de la colonisation un essor marqué par l'amélioration des conditions de vie en général et surtout l'expansion de l'instruction.

Les Congolais ont consenti de nombreux sacrifices pendant cette période. Tenez, pendant la Deuxième Guerre mondiale, la puissance coloniale, la Belgique, était sous pression des États-Unis et de la Grande-Bretagne pour des besoins d'une plus grande production de produits miniers et agricoles. Les exportations de caoutchouc notamment ont atteint sept mille tonnes en 1943 et plus de onze mille tonnes en 1944 alors qu'elles étaient à près de 1500 tonnes en 1920. Cet effort remarquable était porté par les travailleurs congolais sous le régime des cultures obligatoires au motif de l'effort de guerre qui était, bien entendu, loin de leur propre préoccupation quotidienne[7]. Souvenons-nous aussi que l'uranium utilisé pour la fabrication des premières bombes nucléaires (américaines) qui ont détruit les villes japonaises d'Hiroshima et de Nagasaki début août 1945 provenait du Congo belge dans la mine katangaise de Shinkolobwe située non loin de la ville de Likasi. J'ouvre ici une parenthèse pour dire qu'en mémoire de ce fait historique, des avenues de nos villes congolaises devraient normalement porter les noms de ces sites japonais.

[7] Daniel MUKOKO Samba, Guérir le Congo du mal zaïrois, page 387-388/1745

Henry Morton Stanley

1841 — 1904

Né John Rowlands, journaliste et explorateur britannique, agent du roi Leopold 2. Il a recherché et retrouvé à Ujiji (Tanzanie) le missionnaire et explorateur David Livingstone en 1871

Source : 2017.24.1534, collection MRAC Tervuren ; héliogravure de Lemercier & C° Paris, d'après une photo de Walery, 1890

Il faut toutefois noter que malgré les progrès réalisés pendant la colonisation belge, de nombreux évènements douloureux ont été vécus par les Congolais. Ces évènements demeurent dans les mémoires sur les deux périodes de l'histoire du Congo. Le roi des Belges, le roi Philippe, a bien fait d'exprimer des sentiments de profonds regrets en 2020 sur le passé colonial, sentiments qu'il a renouvelés le 8 juin 2022 à Kinshasa devant l'esplanade du Palais du peuple lors de sa visite au Congo avec la Reine Mathilde. C'est un bon acte de compensation politique et sociale au regard des évènements qui se sont passés lors des périodes de l'État indépendant du Congo et de la colonisation belge. Le roi Philippe de Belgique avait dit ceci en substance :"à l'époque de l'État indépendant du Congo des actes de violence et de cruauté ont été commis, qui pèsent encore sur notre mémoire collective. La période coloniale qui a suivi a également causé des souffrances et des humiliations. Je tiens à exprimer mes plus profonds regrets pour ces blessures du passé dont la douleur est aujourd'hui ravivée par les discriminations encore présentes dans nos sociétés. Je continuerai à combattre toutes les formes de racisme. J'encourage la réflexion qui est entamée par notre parlement afin que notre mémoire soit définitivement pacifiée."

La première carte géographique ci-dessous est la carte de la conférence de Berlin. Elle donne l'esquisse des frontières de l'État indépendant du Congo. Les deux cartes suivantes montrent l'évolution des frontières du Congo de 1885 à 1927. L'acte de Berlin n'avait donc pas fixé les frontières de l'État indépendant du Congo. En effet, la délimitation des frontières a fait l'objet de nombreuses missions difficiles et d'âpres négociations entre les puissantes nations de l'époque, le Portugal, l'Angleterre, la France et l'Allemagne. Les dates de gains et de pertes de terrains sont mentionnées sur les cartes citées

CARTE DE LA CONFÉRENCE DE BERLIN

Source : Congo, colonisation/décolonisation, L'histoire par les documents,

Musée Royal de l'Afrique centrale, carte HO.1946.1058.2., page 93

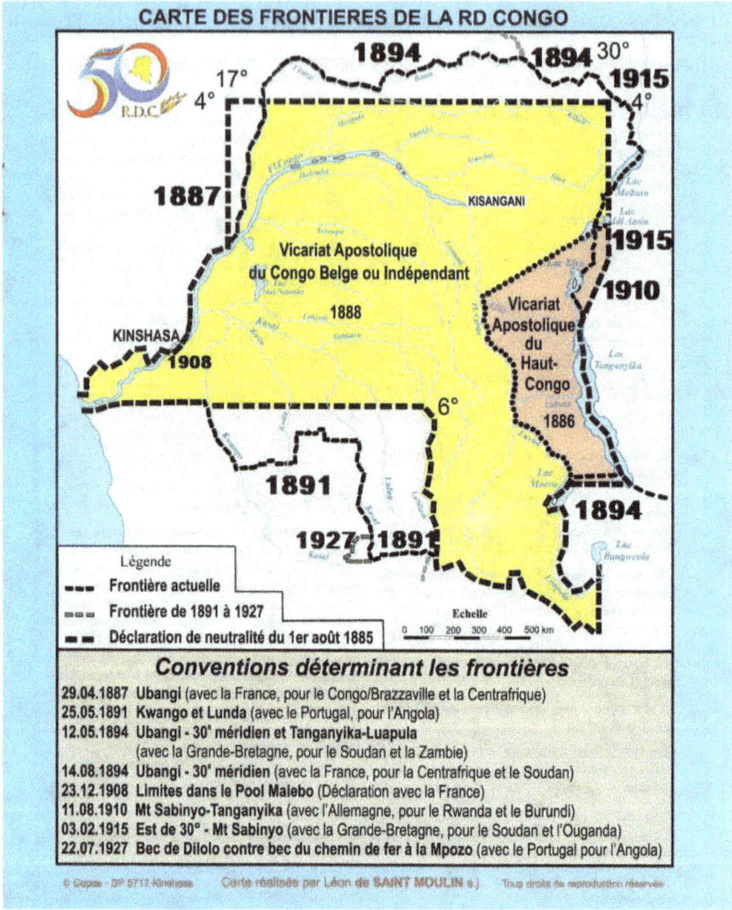

Source : Léon de Saint Moulin s.j., Atlas du jubilé d'or de la RD Congo, Routes d'aménagement prioritaire selon les crêtes de peuplement, page 5, Kinshasa 2011

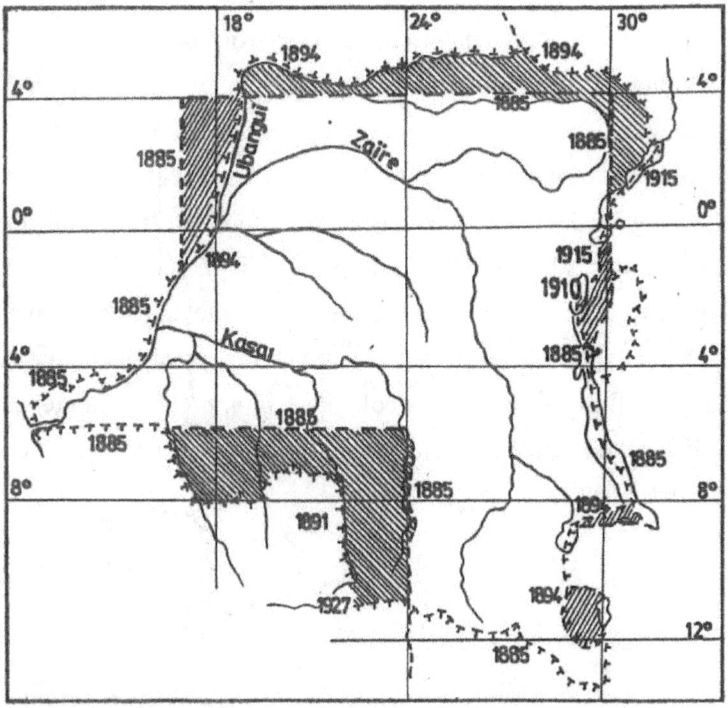

REPUBLIQUE DU ZAIRE : Evolution des frontières.
Légende :

- - - - : frontières de 1885
+ + + : frontières actuelles avec leurs dates de fixation.
: territoire perdu
: territoire gagné

Source : VAN ZUYLEN : L'Echiquier Congolais...,
Bruxelles 1959.

Extrait de Chronologie générale de l'histoire du Zaïre,
2e édition revue, corrigée, augmentée, page 36

Enfin, signalons dans cette histoire de la création du Congo, le cas d'un jeune ingénieur chargé par le roi Léopold II en 1885 d'étudier sur terrain la question du chemin de fer de Banana à Stanley Pool[8]. Il fit une découverte sensationnelle du point de vue scientifique : il a trouvé sur les rives du Congo près de Manianga[9], des ustensiles en pierre rappelant par la forme certains des silex taillés d'Europe. Cet ingénieur du nom de Zboïnski, a été le premier à signaler qu'un âge de la pierre avait existé dans la contrée étudiée. Ces observations avaient été plus tard confirmées par un géologue[10]. Rappelons maintenant l'histoire de l'indépendance du Congo dans les lignes qui suivent.

---

[8] Stanley Pool : Actuellement dénommé Pool Malebo. C'est le lac formé par un élargissement du fleuve Congo. Sur ses rives sont établies Brazzaville et Kinshasa, les deux capitales géographiquement les plus proches du monde.

[9] Manianga ou Pioka est une localité et un territoire situés sur la rive droite du fleuve Congo en République Démocratique du Congo dans la province du Kongo central

[10] René J. CORNET, La Bataille du rail, La construction du chemin de fer de Matadi au Stanley Pool, L. Cuypers, 3e édition, 1953, page 41

3

L'indépendance du Congo

Les sentiments d'injustice et d'infantilisme vécus à l'époque coloniale ont fini par développer dans le chef de l'élite congolaise des idées de liberté. Ce sentiment fut amplifié par les bouleversements dans le monde, surtout avec l'indépendance accordée au Ghana par les Anglais en 1956.

Mis à part le mouvement du Prophète Simon Kimbangu en 1921 qui a dressé une résistance non violente à la politique coloniale belge, le premier discours politique congolais est le Manifeste de la conscience africaine en 1956, œuvre d'un petit groupe d'évolués de Léopoldville, l'ancien nom de la ville de Kinshasa. Cette publication est généralement considérée comme le commencement de l'expression des doléances des Congolais à l'égard des agissements du pouvoir colonial. Le Manifeste de la conscience africaine fut mal accueilli par l'autorité coloniale qui fit la chasse aux auteurs et pourtant, en substance, ce Manifeste demandait aux Européens vivant au Congo d'être avant tout des citoyens congolais et aux Congolais d'être et de rester unis. En réaction à ce manifeste, d'autres Congolais, bien que favorables au contenu du Manifeste, exprimeront, à travers un contremanifeste, une formule d'émancipation beaucoup plus immédiate et rejetant l'idée d'une communauté belgo-congolaise du Manifeste de la conscience africaine.

En fait, ces manifestes étaient une réaction des évolués Congolais au Plan de trente ans pour l'émancipation politique de l'Afrique belge du professeur Jeff Van Bilsen écrit en 1955. Cette réaction était prévisible à cause des traitements dont les autochtones subissaient des colons. De nombreuses personnalités belges avaient senti le vent du changement venir et formulaient déjà des idées, sûrement, pour garantir un futur plus paisible. C'est le cas du Général Eugène Jungers, Gouverneur général du Congo belge et du Ruanda-Urundi de 1946 à 1952 qui avait déjà dit aux coloniaux « que la main tendue trop tard risque d'être refusée ». Son prédécesseur Pierre Ryckmans, Gouverneur général de 1934 à 1946, qui a participé à la Première Guerre mondiale dans la campagne du Cameroun puis à celle de l'Afrique-Orientale allemande avec la Force publique du Congo belge, est l'auteur de plusieurs publications dans lesquelles vis-à-vis des indigènes il soutenait des thèses de justice, de reconnaissance et de juste rétribution des individus.

François Ryckmans dans son livre Mémoires noires fournit de nombreux témoignages des Congolais qui racontent la colonisation belge dont certains sont repris dans cet ouvrage. Parmi les restrictions imposées aux Congolais pendant la colonisation, il y avait, entre autres, l'interdiction d'entrer dans un magasin pour un simple achat quelconque. Des kinois, habitants de Kinshasa, traversaient le fleuve pour aller boire du vin rouge à Brazzaville, là-bas, les colons français ne l'interdisaient pas aux autochtones, et par ailleurs ces colons français logeaient même dans les cités indigènes[11].

On peut se permettre de dire qu'une vision plus éclairée d'anticipation des acteurs politiques pouvait générer des situations d'une autre nature que celles vécues dans les années 1950 et le début des années 1960.

Joseph Kasa-Vubu a donné le signal du départ du nationalisme et Patrice Lumumba l'a suivi. En effet, Joseph Kasa-Vubu avait évoqué en 1957 plus officiellement l'idée de l'indépendance du Congo dès son installation comme bourgmestre de la commune de Dendale qui porte son nom aujourd'hui à Kinshasa ; il l'avait fait devant des fonctionnaires belges ahuris et scandalisés.

Quelques mois après en août 1958 à Brazzaville, le Général de Gaulle a donné la promesse de l'indépendance aux pays africains de la coupole française. La proximité des deux villes, Kinshasa et Brazzaville, ne pouvait que mettre les esprits en ébullition avec de telles déclarations. À cela s'ajoutèrent les retombées de la conférence d'Accra tenue en décembre 1958 sous les auspices du président ghanéen Kwame N'Krumah pour soutenir les mouvements d'indépendance en Afrique. La tension fut à son comble et on aura les émeutes du 4 janvier 1959 qui conduiront à l'arrestation de Joseph Kasa-Vubu considéré comme responsable de la situation.

---

[11] François RYCKMANS, *Mémoires noires, Les Congolais racontent le Congo belge 1940-1960*, page 282

À la suite de ces émeutes, au moment où le gouvernement belge n'avait pas encore donné sa position, le roi Baudouin donna le 11 janvier 1959, la promesse de « conduire, sans atermoiements funestes, mais sans précipitation inconsidérée, les populations congolaises à l'indépendance. »

La Table ronde de Bruxelles fut convoquée du 20 janvier au 20 février 1960 afin d'aider la colonie congolaise à passer du régime de tutelle à l'indépendance. La date de l'indépendance fut fixée et le choix des dirigeants par voie d'élections fut retenu. Les populations congolaises n'avaient jamais voté jusque-là à part les élections des bourgmestres qui furent organisées en 1957 dans trois grandes villes Léopoldville (Kinshasa), Élisabethville (Lubumbashi) et Jadotville (Likasi).

David Van Raybrouck rapporte dans son livre « Congo, une histoire » que le Grand Chef Lunda dont le pouvoir s'étendait du Katanga en Angola et en Zambie s'était exclamé s'agissant du suffrage universel que « c'était une aberration que l'on ne peut pardonner ». N'avait-il pas raison au regard de ce que nous vivons aujourd'hui dans l'organisation des élections ? Nos anciennes sociétés avaient leurs méthodes de gestion administrative des individus et de succession. Un recours analytique à ces anciennes méthodes pouvait, peut-être, aider à l'adoption des principes plus adéquats pour le pays.

La convocation de la Table ronde de Bruxelles n'avait pas un contenu défini, aucune orientation précise sur les affaires étrangères, la monnaie, l'économie et la défense. La facilité avec laquelle la Belgique a libéré l'indépendance du Congo a même surpris certains Congolais qui ont pensé à des manœuvres ou pièges tendus par les Belges.

L'indépendance était-elle vraiment négociée ? Les participants congolais à la Table ronde de Bruxelles avaient-ils le profil adéquat pour comprendre les dossiers, ensuite en discuter et enfin conclure consciemment avec les autorités belges ? Sinon pourquoi organiser consciemment des assises de haut niveau avec des gens dont la majorité n'était pas à la hauteur des enjeux ?

Près de 85 Congolais avec une moyenne d'âge de 36 ans ont participé à la Table ronde de Bruxelles. La délégation congolaise était composée approximativement d'un effectif de : 12 personnes de niveau d'études supérieures (théologie, philosophie ou droit), 3 assistants (agronomes ou médicaux), 9 diplômés d'école normale, 2 diplômés d'écoles professionnelles, 7 comptables, 8 diplômés d'humanité secondaire et 30 personnes de niveau post-primaire. Les chefs coutumiers étaient de la catégorie de ceux qui avaient le niveau d'instruction le plus faible.

S'agissant de leur profession, on dit qu'il y avait 5 fonctionnaires au rang de direction, deux journalistes, 1 agent judiciaire, 1 administrateur de coopératives, des commerçants, des défenseurs devant les tribunaux indigènes, des comptables, des planteurs, d'instituteurs, d'un grand nombre de commis, de notables ou chefs et de sans profession. Parmi eux, personne n'avait exercé des fonctions politiques importantes qui à l'époque n'étaient réservées qu'aux Belges.

Face à ces Congolais, il y avait du côté belge, entre autres, le Premier ministre Gaston Eyskens (55 ans en 1960, Professeur à l'Université catholique de Louvain - 1931 ; député en 1939 ; plusieurs fois ministre des Finances 1945, 1947), Auguste de Schrijver, ministre du Congo belge et du Ruanda-Urundi (62 ans en 1960, plusieurs mandats ministériels de 1935 à 1960), Arthur Gilson, ministre de la Défense nationale (45 ans en 1960, avocat), Pierre Harmel, ministre de la Fonction publique (49 ans en 1960, Docteur en droit, licencié en sciences sociales et en notariat, agrégé de l'enseignement supérieur en droit fiscal, Professeur à l'Université de l'État à Liège) et Albert Lilar, vice-premier ministre (60 ans en 1960, Docteur en droit et avocat renommé de droit maritime et droit international privé, Professeur de droit à l'Université libre de Bruxelles et à la Vrije Universiteit Brussel, Sénateur libéral de l'arrondissement d'Anvers - 1946-1971, quatre fois ministre de la Justice entre 1946 et 1961 et plus tard ministre d'État à partir de 1969). C'est Albert Lilar qui fut élu Président de la Table ronde de Bruxelles. Une dizaine de parlementaires et de conseillers étaient également membres de la Table ronde du côté belge[12].

C'est vrai que les Congolais ont bénéficié de l'assistance d'experts belges lors de ces assises, mais l'on peut tout de même dire que ces assises étaient comme un match de football opposant une grande sélection nationale bien entrainée à une modeste équipe de quatrième division sans aucun système de jeu. Il est dit que les conseillers belges avaient plutôt joué un rôle technique et soutenaient les délégués congolais qui avaient formé un front

---

[12] David Van REYBROUCK, *Congo, Une histoire*, page 278

commun en majorité. L'idée que le roi des Belges devienne, en plus de ses attributions, Chef de l'État du Congo a été balayée par les délégués majoritaires.

L'historien Isidore Ndaywel è Nziem dans son livre « Brève histoire du Congo » dit que l'indépendance du Congo a été obtenue au pas de course. En effet, c'est dans la vitesse ou simplement dans la précipitation que des engagements impliquant des millions de Congolais ont été conclus. Un État unitaire a été plébiscité. Les questions fondamentales et primordiales relatives au nouvel État comme le statut des ethnies n'étaient pas traitées. Le consensus entre les radicaux et les modérés qui rêvaient d'une communauté belgo-congolaise, les unitaristes opposés aux fédéralistes, tout cela constituait des matières qui normalement devaient faire l'objet de discussions préalables entre parties. Il en va de même des différentes facettes de la question de nationalité, la double nationalité.

Et pourtant, des voix s'étaient levées qui disaient que tout excès de vitesse pouvait replonger le pays dans la pauvreté et la misère de jadis. Mais c'était trop tard. Du côté congolais, les contraintes de la colonisation, la lutte d'égos sur fond de tribalisme entre les leaders politiques et les ambitions des provinces non coordonnées, et du côté belge, la nuance dans la compréhension des problèmes entre les belges de la métropole et les belges du Congo, les rivalités entre partis politiques, les intérêts du monde des affaires et les priorités des milieux religieux, tout cela a créé une situation de fait. Sans oublier la pression issue des bouleversements politiques dans le monde en cette période.

Les institutions adoptées à l'indépendance étaient calquées sur celles de la Belgique et ne reflétaient pas l'histoire et les particularités de la vie des peuples constitutifs. Ici, pouvions-nous spéculer en disant que les chefs coutumiers présents à la Table ronde de Bruxelles auraient pu lever le ton pour nuancer les décisions au regard des traditions et des coutumes respectives des anciens royaumes, empires, clans, tribus, d'autant plus que le pouvoir colonial avait occupé le terrain sur la base des traités conclus, bien que déséquilibrés, avec les chefs coutumiers. Ils n'avaient pas le niveau intellectuel adéquat, c'est vrai, mais ils avaient au moins le sens du pouvoir et la sagesse. Ça compte. Ils étaient issus des lignées des chefs légitimes et pouvaient avoir d'autres réflexes sur la tournure des évènements.

La manière dont les institutions nationales ont été conçues ne pouvait qu'engendrer des structures faibles au regard de la culture tribale du pays.

Le pays démarre avec une loi fondamentale élaborée par le Parlement belge pour servir de cadre juridique provisoire avant l'adoption d'une constitution rédigée par les Congolais eux-mêmes. Le régime organisé par cette loi n'était ni une structure fédérale ni une structure unitaire, mais un compromis donnant suffisamment de pouvoir aux provinces. En 1964, un État de type fédéral fut retenu par la conférence de Luluabourg (Kananga). Cette Constitution a exalté l'autodétermination des peuples pour construire un État octroyant une large autonomie aux entités nationales diverses.

Cette constitution de Luluabourg fut adoptée par référendum par le peuple congolais en juin-juillet 1964 à une très large majorité. Le 1er août 1964, date de la promulgation de cette nouvelle constitution, le nom du pays, République du Congo-Léopoldville, changea en République démocratique du Congo.

Le coup d'État du 24 novembre 1965 n'a pas permis l'application effective de ce régime et depuis, cette réforme ne fait pas l'objet des débats politiques, et pourtant le fédéralisme était voulu pour donner satisfaction aux aspirations des provinces à l'autonomie.

Les résolutions de la Table ronde avaient retenu la formation des partis politiques. Il y eut des partis politiques à caractère tribal et des partis politiques défendant l'idéal national. Oui, l'idéal national, mais je me demande quel idéal national ? Pour quelle nation ? Nos ancêtres ne s'étaient jamais rencontrés avant la colonisation pour créer une nation et pendant la colonisation les différentes communautés n'avaient pas conçu clandestinement une idéologie nationale quelconque. Il y a eu bien entendu des résistances au système colonial après la Deuxième Guerre mondiale, mais c'était chaque fois des mouvements ponctuels. On peut donc insinuer ici que les partis politiques qui se disaient unitaristes-nationalistes avaient simplement pris appui sur l'État conçu par le roi Leopold II, mais sans le roi lui-même ou du moins sans ses successeurs, et en plus sans se préoccuper du comment vivre ensemble. Comment peut-on devenir brusquement unitaristes nationalistes lorsqu'aucun lien n'avait jusque-là uni par exemple les Woyo de la côte atlantique de la Province du Kongo central aux Mangbetu de la

Province du Bas-Uélé ou du Haut-Uélé. Est-ce seulement parce qu'il y avait « un ennemi commun », les colons ?

Des élections eurent lieu, des contestations s'ensuivirent, mais furent maitrisées. Un Premier ministre fut désigné et un Chef de l'État fut élu au Parlement.

Le 30 juin 1960, c'est le jour de la proclamation de l'indépendance. Mais faisons une parenthèse : lorsque l'on regarde l'histoire du Congo, on note que Léopold II a été reconnu Chef de l'État du Congo par la conférence de Berlin en mars 1885 et par le Parlement belge en avril 1885. Par extrapolation le 30 juin 1960 n'était en réalité que la date de la prise de pouvoir par les autochtones d'un État créé par Léopold II, son premier dirigeant.

Pour ce jour historique, trois discours sont lus dont deux discours protocolaires, celui du roi Baudouin et du Président Kasa-Vubu, et un discours non prévu au programme officiel celui du Premier ministre Lumumba. Les discours sont suivis par la population en direct à travers des haut-parleurs installés à l'extérieur du Palais de la nation. La population applaudit vivement le troisième discours qui était un discours enflammé, mais un malaise s'installa, dit-on chez certains officiels. On dit que le roi Baudouin menaça de s'en aller le soir même. Dans la soirée, au toast, le Premier ministre Lumumba lira un discours avec des propos plus convivial.

À partir de cette date des évènements graves, douloureux et violents se sont succédé pour un peuple qui a vécu plus ou moins dans la paix pendant 52 ans en tant que Congo belge. Voici un récapitulatif chronologique des premiers moments du Congo indépendant de la tutelle de la Belgique :

- Le 30 juin 1960 : Proclamation de l'indépendance, le Congo accède à la souveraineté internationale
- Le 5 juillet 1960 : Mutinerie de l'armée, la Force publique, à Léopoldville (Kinshasa) et à Thysville (Mbanza-Ngungu). Les soldats, déçus et mécontents du manque de changement de leurs conditions matérielles après l'indépendance, en voulaient aux nouvelles autorités congolaises (qui avaient changé le train de vie) avec Patrice Lumumba qui cumulait les fonctions de Premier ministre et de ministre de la Défense, et à leurs chefs hiérarchiques belges. La mutinerie provoqua l'exode des agents belges de l'administration coloniale. Des attaques contre les officiers étrangers et des cibles européennes entrainèrent l'intervention des soldats belges pour protéger et évacuer les Européens.
- Le 11 juillet 1960 : Sécession du Katanga sous la couverture de l'Union minière. Les leaders katangais se considéraient avoir été dupés dans la formation du premier gouvernement.
- Le 12 juillet 1960 : Pour tenter de résoudre la question de la sécession katangaise, le Président Kasa-Vubu et le Premier ministre Lumumba sont interdits d'atterrir à Élisabethville (Lubumbashi). L'avion fait demi-tour.

- Le 14 juillet 1960 : Rupture des relations diplomatiques entre la Belgique et le Congo à la suite de la violation par la Belgique du traité d'amitié qui prévoyait l'utilisation des troupes belges au Congo à la demande préalable de l'armée belge au Gouvernement congolais. Pour l'armée belge, l'intervention se justifiait par la gravité de la situation pour protéger les Européens menacés.

- Le 16 juillet 1960 : Intervention des Casques bleus (ONU) pour sauver l'intégrité territoriale du Congo

- Le 08 août 1960 : Sécession du Sud-Kasaï où des exploitants belges de diamant exerçaient leurs activités. Ici aussi les leaders du Sud-Kasaï se considéraient avoir été dupés dans la formation du premier gouvernement. Bolikango, leader de l'Équateur aurait aussi pensé à la sécession de l'Équateur.

- Le 5 septembre 1960 : Révocation du Premier ministre par le Président se référant à la loi fondamentale, à son tour le Premier ministre essaye vainement de destituer le Président, Lumumba est remplacé par Joseph Iléo, mais le Parlement refit confiance à Lumumba. Le Parlement est congédié.

- Le 14 septembre 1960 : Coup d'État du Colonel Mobutu suite à la situation confuse au sommet de l'État, installation du collège des commissaires généraux jusque février 1961, l'ONU intervient pour rétablir et maintenir l'indépendance, l'intégrité territoriale, l'ordre et la loi.

- Le 17 janvier 1961 : Assassinat du Premier ministre Lumumba
- Le 17 septembre 1961 : Décès du Secrétaire général de l'ONU, Dag Hammarskjöld, dans un accident d'avion à Ndola (Zambie) en mission pour l'intégrité du Congo
- Le 13 janvier 1963 : Fin de la sécession du Katanga
- Le 02 août 1963 : Début des rébellions au Congo.
- Le 10 juillet 1964 : Moïse Tshombe est nommé Premier ministre, il sera démis de ses fonctions le 13 octobre 1965
- Le 24 novembre 1965 : Coup d'État militaire du Lieutenant-Général Mobutu suite à la paralysie du gouvernement à cause des luttes pour le pouvoir au sommet de l'État.

Beaucoup d'autres faits graves vécus ne figurent pas dans cette énumération. Mais ce qui est présenté suffit pour donner un pincement au cœur par la gravité des faits. C'était un présage des difficultés à venir que le pays allait connaitre : des rébellions interminables, des guerres, la mauvaise gouvernance et la misère.

S'il faut faire la comptabilité de souffrances subies par de pauvres gens dans ce pays, on retiendrait d'abord celles liées aux luttes tribales entre tribus ennemies et les pratiques effrayantes dans certaines royautés avant l'arrivée des Européens, ensuite il y a les peines issues de la traite des noirs dans des conditions extrêmes par des européens et des Arabo-Swahili, suivi des traitements inhumains de la période léopoldienne, et après il y a eu les restrictions et le stress de la période coloniale, et maintenant, il y a cette longue période dramatique après l'indépendance. Que des problèmes, que de violences de tous genres.

Alors, si le roi des Belges, le roi Philippe de Belgique a exprimé des sentiments de profonds regrets en 2020 et en 2022 sur les actes de violence et de cruauté commis à l'époque de l'État indépendant du Congo et à la période coloniale, il est aussi impératif que les dirigeants congolais depuis l'indépendance demandent pardon au peuple pour les souffrances et la cruauté qu'il a subies à cause des rébellions, de la mauvaise gouvernance et de l'incapacité de maintenir la sécurité, la cohésion nationale et la sécurité alimentaire. Pour ce dernier aspect, rappelons que le Congo de par sa position géographique jouit annuellement de deux saisons agricoles régulières qui ont été à la base d'une agriculture industrielle florissante pendant la colonisation.

Les souffrances vécues par les Congolais à l'époque coloniale et celles vécues après l'indépendance demeurent des souffrances sans nuance aucune. Par conséquent, les problèmes du Congo ne doivent pas être abordés sous un angle simpliste. Il faut prendre de la hauteur et les examiner froidement pour espérer parvenir à des solutions définitives. Les torts commis par les uns envers les autres nécessitent une justice transitionnelle pour relancer le pays.

Personnellement à l'indépendance j'avais sept ans. Les souvenirs que je garde plus clairement et consciemment des événements de l'indépendance se résument à quelques faits suivants :

1. J'ai entendu des gens dans les rues autour de notre maison à Matadi, clamer avec joie qu'avec l'indépendance c'est la fin du paiement de l'impôt. Ce n'était que de la propagande de mauvais goût des politiciens congolais en 1960.

2. J'ai entendu des gens qui disaient qu'avec l'indépendance les choses vont changer. Le chauffeur noir qui conduit le blanc en cravate à l'arrière de la voiture, est une scène qui disparaitra. Avec l'indépendance, nous serons en cravate à l'arrière avec des chauffeurs blancs.

3. Mon dernier souvenir de l'accession du Congo à l'indépendance que je peux partager est en rapport avec l'incident qui a eu lieu à Matadi le 11 juillet 1960. Ce jour-là, Moïse Tshombe proclamait la sécession du Katanga. À Matadi, deux navires de la Marine belge ont tiré sur des tanks de produits pétroliers du Port pétrolier de Ango-Ango situé en aval du port de Matadi qui prirent feu. Un incendie se déclara. C'était le soir vers 20-21 heures. La ville de Matadi fut éclairée par l'intermittence de l'amplitude des feux. La panique était générale dans la ville. De nombreuses personnes avaient précipitamment quitté leurs domiciles pour fuir vers Mpozo. Imaginer la scène : des familles quittant leurs maisons, hommes, femmes et enfants, en n'emportant que le minimum. Dans l'obscurité de la nuit, les parents appelaient à tout moment les enfants pour s'assurer qu'ils étaient autour d'eux dans cette masse humaine. Avec mes parents, lorsque nous arrivions au sommet de la route en béton

pour amorcer la pente vers Mpozo, un proche de la famille qui travaillait à Ango-Ango nous rejoignit et dit à la famille et aux gens qui étaient autour de nous que le danger était écarté grâce aux actions menées par des travailleurs congolais dont lui-même à Ango-Ango pour sauvegarder les installations. Nous regagnions nos maisons. Nous apprenions le lendemain que dans la bousculade de très jeunes enfants sont tombés dans la rivière Mpozo cette nuit-là et portés disparus. Cet épisode était traumatisant pour de nombreuses personnes à la pensée que le feu allait décimer toute la ville de Matadi. Ce jour-là, les gens avaient la conviction que les Belges en voulaient vraiment aux Congolais. Outre l'intervention de la force navale belge, il eut aussi des avions belges qui avaient survolé et opéré à Matadi. L'un d'eux fut abattu et tomba sur la rive droite du fleuve.

Que dire de l'exercice du pouvoir au Congo ? Telle est la matrice des lignes suivantes.

Joseph Kasa-Vubu (à dr.) et Patrice-Emery Lumumba (à g.) à la Table ronde belgo-congolaise de Bruxelles en février 1960

Belle photo de ces deux personnalités du Congo. Ils ne s'imaginaient sûrement pas que le peuple congolais allait vivre un lot de souffrance sur plusieurs décennies après l'indépendance qu'ils demandaient à la Belgique

Photo © Belga Archives 8964799.

4.

L'exercice du pouvoir au Congo

Le Congo accède à la souveraineté internationale le 30 juin 1960. Dès cette date, ses habitants font face à des réalités tragiques inattendues, des successions de problèmes de diverses natures qui ne semblent pas trouver des solutions pour permettre à l'ensemble des populations de jouir du grand potentiel dont est doté le pays. Les discours politiques sont toujours là pour donner des promesses d'un monde meilleur. Ces discours, prononcés par les dirigeants congolais depuis 1960, sont pour la plupart de bons textes, de bonnes intentions, mais sans effets bénéfiques pour le peuple qui attend toujours le changement depuis des décennies.

Ce qui frappe, c'est que tous les dirigeants qui se sont succédé à la tête du pays ont regretté l'absence de cadres éprouvés dans leur entourage respectif pour atteindre les objectifs de développement. Mobutu cherchait quelques bons experts zaïrois, Joseph Kabila avait eu besoin d'au moins d'une quinzaine de bons citoyens et le président Tshisekedi a eu à stigmatiser les insuffisances de certains collaborateurs du fait des modestes résultats récoltés par rapport à ses prévisions. La question : est-ce une carence de bonnes personnes dans le pays ou le manque de volonté de s'entourer de bonnes personnes ?

De son vivant, le Cardinal Laurent Monsengwo Pasinya qui a participé activement à la vie politique du pays et qui a côtoyé des hommes et des femmes politiques a fini par lâcher que la classe politique congolaise était médiocre. Dans un discours le 3 janvier 2018, il déclara « qu'il est temps que la vérité l'emporte sur le mensonge systématique, que les médiocres dégagent et que règnent la paix, la justice en République démocratique du Congo ». Cette déclaration avait été jugée excessive par le pouvoir de l'époque. En réalité il avait simplement dit tout haut ce que de nombreuses personnes pensent tout bas. Avant lui de nombreux diplomates venus diriger différents dialogues entre Congolais avaient aussi qualifié la classe politique congolaise de la même manière. Les Sénégalais Abdoulaye Wade et Moustapha Niasse, le Togolais Eden Kodjo, le Nigérian Obasanjo et tant d'autres personnalités ont parlé dans ce sens. Eden Kodjo dira en bon diplomate « j'ai eu affaire à une classe politique à la fois brillante, intelligente, toxique … ».

Dans cette médiocrité, il y a la baisse du civisme. Un jour quelqu'un m'a dit lors d'un échange au cours d'un voyage dans un pays africain que pour lui, après de nombreux voyages en Afrique, son constat est que les dirigeants africains ne respectent pas leurs concitoyens. On se permet de tout dès que l'on détient une parcelle de pouvoir.

Le non-respect de ses concitoyens est une des conséquences de la méconnaissance de l'histoire de son pays. C'est l'un des chaînons manquants dans le cursus de nombreux politiciens congolais, car l'histoire permet à quelqu'un de se positionner, de savoir d'où il vient, ce qui s'est passé avant, et sur cette base, comment projeter l'avenir. Il y a des actes que l'on ne poserait jamais, rien que par la connaissance de l'histoire.

L'histoire du Congo est pleine d'anecdotes. Pour stigmatiser la médiocrité générale, une expression qui est restée célèbre est celle du Président Laurent-Désiré Kabila. En effet, lors d'une conférence de presse, il qualifia le mouvement qui l'a porté au pouvoir, l'AFDL, l'Alliance des Forces démocratiques pour la libération du Congo, d'être « un conglomérat d'aventuriers ». Le mot « Aventurier » est compris ici comme une personne sans scrupule, intrigante, malhonnête, etc. Il y a lieu de s'émanciper dès à présent sinon par extrapolation l'on dirait pour ce pays, dans l'avenir, que la présente génération congolaise n'était qu'un conglomérat de tribus groupées par le hasard de l'histoire, complice de la mauvaise gouvernance et manipulée par des politiciens.

La Déclaration universelle des droits de l'homme dit que « tous les êtres humains naissent libres et égaux en dignité et en droits, qu'ils sont doués de raison et de conscience et doivent agir les uns envers les autres dans un esprit de fraternité ». À côté de ce principe de base s'ajoutent d'autres règles importantes telles que :

- Toute personne a le droit de prendre part à la direction des affaires publiques de son pays, soit directement, soit par l'intermédiaire de représentants librement choisis.

- Toute personne a le droit d'accéder, dans des conditions d'égalité, aux fonctions publiques de son pays.
- La volonté du peuple est le fondement de l'autorité des pouvoirs publics ; cette volonté doit s'exprimer par des élections honnêtes suivant des procédures qui garantissent la liberté du vote.

Les principes énumérés ci-dessus constituent le cadre idéal dans lequel des élections peuvent se dérouler dans un pays. Remettre en cause, par la force, ces notions de base signifie bafouer les droits fondamentaux de l'homme.

Les élections sont un outil de la démocratie, et la démocratie est une expression de la dignité humaine qui implique la paix, le respect de l'autre et la liberté.

L'élite du Congo qui a cumulé de l'expérience dans des fonctions diverses, à savoir l'administration publique, les entreprises de l'État et le privé, a l'obligation de se manifester politiquement directement ou indirectement et de commencer à occuper le terrain politique. Les médiocres de la scène politique actuelle devraient s'effacer naturellement au profit d'une nouvelle classe des gens intelligents, compétents et modernes. Si le fossé s'élargit davantage, la récupération sera difficile sinon impossible. Les médiocres et les ignorants ne s'affoleront jamais sur des questions environnementales, dont la pollution dans les zones minières par exemple qui risque de rendre certaines parties du pays inhabitables et non cultivables.

La relance du pays est toujours possible si la volonté y est. Les Congolais sont brillants. De nombreux collègues de travail étrangers que l'on a côtoyés répétaient chaque fois qu'ils étaient fascinés par des Congolais œuvrant dans divers domaines : « vous avez tout, un pays riche en sol et en sous-sol, et en plus, vous êtes intelligents, alors qu'est-ce qui vous manque pour décoller ? »

Lorsque l'on observe la carte initiale du Congo, on constate que les frontières de départ étaient des droites horizontales et verticales tracées à la règle sans aucun souci de la nature des occupants autochtones. Le roi Léopold II a créé le Congo en enfermant des gens différents dans un grand périmètre. Les communautés congolaises groupées sans leur consentement par Léopold II et prises en charge par la Belgique pendant 52 ans ne s'étaient jamais mises ensemble politiquement pour créer une grande communauté sous une seule autorité. Lorsque les mouvements d'indépendance s'annoncent, les gens n'ont pas eu non plus le temps de se regarder les yeux dans les yeux, ne fût-ce que pour se définir un avenir. La Table ronde de Bruxelles tenue de janvier à février 1960 était passée à côté de nombreux vrais problèmes. Les choses sont parties très vite ; nous voilà indépendants et c'est le démarrage de l'école de la démocratie avec application immédiate de ses notions sans transition alors que même les vieilles démocraties sont passées par de nombreuses étapes par évolution.

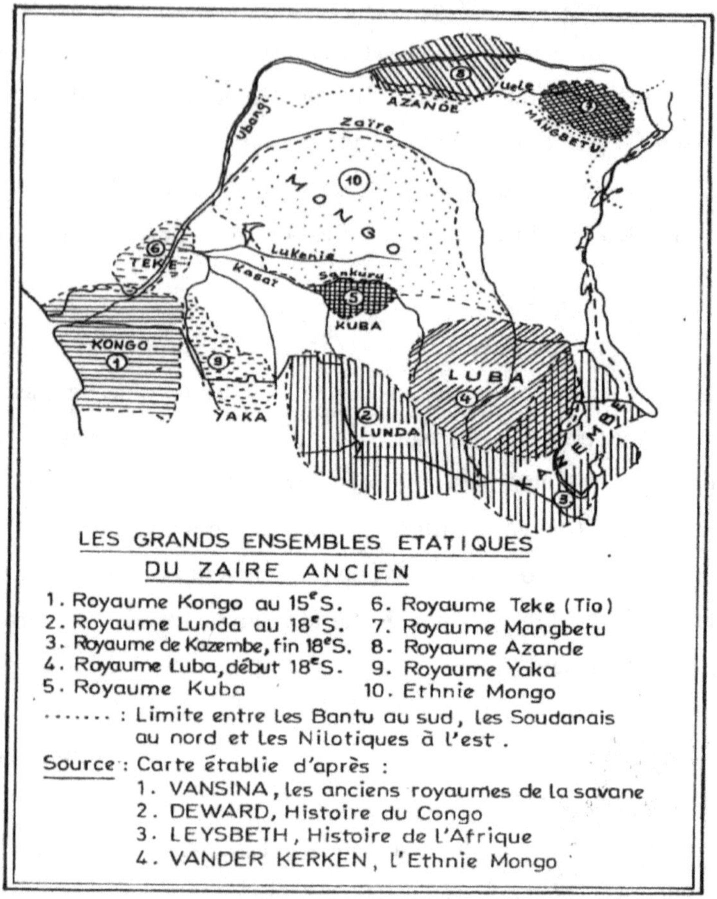

Les grands ensembles étatiques du Zaïre ancien

Source : Chronologie générale de l'histoire du Zaïre, page 22, 2e édition

Au Congo, les crises ne se résolvent jamais, elles trainent en longueur. Cela fait maintenant plus de 60 ans d'indépendance, aucune piste claire de développement ne pointe à l'horizon. C'est incompréhensible car le niveau d'études atteint par les Congolais formés sur place ou à l'étranger est suffisant pour jouer le rôle de catalyseur pour l'innovation. Les dialogues politiques se succèdent, mais se terminent par des compromissions. Lorsque l'on regarde le paysage mondial, on peut s'arrêter au cas typique de Haïti, indépendant depuis près de deux siècles, mais n'arrive pas à s'en sortir. Le Congo semble être sur la voie d'Haïti. Les Haïtiens n'ont-ils pas leurs ancêtres au Congo ? Aurions-nous un sort commun ?

Lorsque l'on visite des musées d'objets d'art africain, on constate des évolutions de la qualité des œuvres d'art dans le temps. Des tapis d'une époque donnée ont toujours été d'une qualité supérieure à ceux des décennies antérieures. Donc des progrès étaient palpables. Il y avait un certain ordre avant la colonisation, il y avait des sociétés organisées et en progression avec une culture scientifique digne. Les œuvres d'art rendu au Bénin par la France en novembre 2021 témoignent de la qualité d'œuvres d'art du 17-18e siècle de ce pays, et que dire de cette grande pirogue en bois de 22,5 m pesant 3,5 t, exposée au musée africain de Tervuren en Belgique depuis 1958 venue du Congo. Dans une interview du roi Hassan II du Maroc accordé à l'émission « L'heure de vérité » d'Antenne 2 le 17 décembre 1989, le roi, répondant à une question en rapport avec le constat d'échec des indépendances africaines, dira simplement en substance « Les Français, les Anglais et d'autres européens débarquent en Afrique. Sans demander l'avis des autochtones, ils apportent les trois pouvoirs (exécutif, législatif, judiciaire), la République, le Parlement ; des frontières sont coupées à la règle divisant des tribus et des sociétés. Or on sait que dans ces pays c'était le chef qui gouvernait avec le consensus. Quand la colonisation est partie, les Chefs sont revenus à leurs mœurs, mais à l'état moderne, le chef du clan est devenu chef du parti unique ; à la séparation des pouvoirs qu'ils n'ont jamais pratiquée, ils ont trouvé le moyen de la remettre, mais à leur gout. Ces pays d'Afrique ont besoin d'aide ».

Le modèle occidental ne pouvait s'ancrer dans les mœurs congolaises que si le temps de rodage était long. Ceux qui l'on créé sont partis, le laissant entre les mains de ceux qui n'avaient jamais pensé à mutualiser leurs forces sauf se regarder en opposition. La transition entre la colonisation et l'indépendance n'était pas bien négociée. Alors, pourquoi ne pas regarder cette transition en face et définir de nouvelles options qui s'adaptent le mieux à ce pays.

La constitution est un outil essentiel qui garantit les droits, les devoirs, et les libertés des citoyens, et encadre l'action des dirigeants. Le respect de cet outil est une condition sine qua non pour le développement d'un pays et permettre le vivre ensemble. Lorsque les lois sont bien élaborées, elles s'appliquent naturellement et aisément. La beauté des lois bien élaborées fait qu'une équipe de foot, composée des Chinois ne parlant que le mandarin, peut affronter une équipe de onze Espagnols ne parlant que l'espagnol avec un trio arbitral venant du Lesotho ne parlant que le sotho. S'ils sont compétents et talentueux comme corps arbitral et comme joueurs, ces gens passeraient 90 minutes sans se parler, mais offriraient un spectacle inoubliable dans un stade composé de spectateurs nord-coréens, turcs, népalais ou russes, chaque groupe ne parlant que sa propre langue. C'est l'expression de la beauté des lois lorsqu'elles sont bien conçues et bien rendues. Il va de soi que le non-respect des règles ne peut qu'engendrer des tensions et des désordres qui conduisent à l'échec.

5

L'attachement irrationnel à la tribu

Le tribalisme

Une ordonnance-loi de 1966 du Président Mobutu interdit la manifestation du racisme, du tribalisme et du régionalisme sur le territoire national. Le Maréchal président avait stigmatisé ce phénomène en dictant même des codes de conduite dans les affaires de l'État en rapport avec cette question, mais se butait-il lui-même à des résistances de la part des cadres de son pouvoir dans la mise en œuvre des décisions.

Le tribalisme, point n'est besoin de le définir, a toujours existé dans la vie sociale au Congo. Il a commencé à se manifester plus visiblement dans les années 1990 avec la « territoriale des originaires » et ensuite au lendemain du découpage territorial de 2015 qui a porté le nombre de provinces de onze à vingt-six.

Depuis toujours l'identité du Congolais repose sur l'ethnie et la tribu. Les voix des électeurs dans une élection quelconque sont naturellement portées aux candidats du clan, du village, du secteur ou du territoire. Ici la moralité des candidats ne compte pas. Aussi est-il de notoriété publique que le placement du personnel dans les cabinets politiques, les entreprises de l'État, l'administration publique et autres a toujours une coloration tribale.

Le tribalisme est un fléau qui maintient fortement les populations dans l'obscurantisme et c'est par l'éducation que l'on peut s'en affranchir c'est-à-dire par le développement de la raison, de l'intellect. C'est par cette seule voie que l'on peut éradiquer ce fléau. Les églises notamment celles créées par des nationaux qui naissent de partout donnent plutôt l'impression d'aggraver le phénomène.

Certaines pratiques de nos coutumes nous emprisonnent dans ce fléau et font que certains Congolais écoutent d'abord l'appel du village avant les exigences de la vie en république. Il suffit de recenser les individus qui ont quitté leur parti ou leur mouvement civil pour rejoindre une autre structure qui les met en harmonie avec une nouvelle autorité du même village.

Des luttes tribales et des affrontements ont marqué la vie de nos ancêtres dans les différentes communautés. La colonisation a étouffé ces luttes barbares pour un temps. Chassez le naturel, il revient au galop, dit-on. La veille de l'indépendance et après, les sentiments de divisions ont refait surface par le tribalisme qui continue à ce jour. Pour former une nation, il est obligatoire que les communautés tribales se parlent et manifestent leur singularité qui doit être prise en compte pour promouvoir une société moderne dans une république des citoyens et non une république des communautés.

Le tribalisme au Congo est viscéral, car les gens sont farouchement attachés à leur ethnie. Il suffit d'observer ces structures définies comme apolitiques basées sur des slogans du genre « les originaires de la Province X, toutes tendances politiques confondues » qui réunissent des politiciens d'une contrée donnée. On invite des ressortissants du Grand Kivu, du Grand Kasaï, du Grand Équateur, du Grand Bandundu, du Grand Katanga, etc. La question est la suivante : quelles matières ces structures peuvent-elles débattre qui n'intéresseraient pas les gens d'autres provinces. Tant mieux si ces rencontres font la promotion des aspects culturels pour la sauvegarde des traditions comme l'art, la musique, la danse, etc. Mais il n'en est rien. On y va pour se repositionner chaque fois que des changements importants pointent à l'horizon.

On a rapporté il y a des années en Belgique, un responsable de municipalité s'était exclamé un jour disant qu'il en avait marre des Congolais. Il y avait en effet dans sa commune des étrangers d'origines diverses comme des Sénégalais, des Maliens, des Marocains, etc. Il n'avait jamais reçu un Sénégalais pour accuser un autre Sénégalais, jamais un Malien n'est passé accuser un Malien et jamais un Marocain n'a accusé un Marocain. La seule nationalité dont les ressortissants accusent leurs propres compatriotes c'est des Congolais de la République démocratique du Congo :

- Chef, vous savez, Monsieur Songolo n'est plus en règle, son visa a expiré… ;

- Vous savez, Monsieur Pakala est un brigand… ;

- Oh ! ne cherchez pas loin, le coupable de l'incident de l'autre jour ? Ça doit être Monsieur Kingandi, etc.

Et lorsque l'on va en profondeur, on se rend bien compte que souvent les victimes d'accusations ne sont pas du même village que les dénonciateurs. En fait dans l'exercice du tribalisme, l'intérêt du clan passe avant l'intérêt de la tribu, l'intérêt de la tribu passe avant celui de l'ethnie, et enfin la solidarité ethnique surplombe le sentiment national.

Il y a plus de 900 partis politiques reconnus en République démocratique du Congo dont la quasi-totalité évolue à Kinshasa. Les chefs des partis recrutent en premier dans leurs clans, s'entourent des amis et des belles-familles. Ce nombre impressionnant de partis politiques signifie qu'il y a des partis leaders qui ont la notoriété et les autres jouent le rôle de partis alimentaires en vue des coalitions pour protéger leurs partis leaders respectifs. La présence d'amis d'autres provinces et des belles-familles font croire que ces partis sont multiculturels. Ce qui est souvent faux.

Qu'on ne se dédise pas, le tribalisme est une réalité ancrée dans l'âme de beaucoup de Congolais et lorsque des communautés sont structurées sur cette base, il est difficile, voire impossible, d'espérer à un développement quelconque.

L'emprise du tribalisme est très forte, rares sont ceux qui peuvent s'en délivrer. Au Congo, le tribalisme l'emporte sur le patriotisme.

La question fondamentale c'est de savoir si nous sommes faits pour vivre ensemble dans une république et être capable de former une nation ?

Le roi Baudouin en 1960 dans son discours de proclamation de l'indépendance du Congo avait dit ceci : « Votre tâche est immense et vous êtes les premiers à vous en rendre compte. Les dangers principaux qui vous menacent sont l'inexpérience des populations à se gouverner, les luttes tribales qui jadis ont fait tant de mal et qui à aucun prix ne doivent reprendre, l'attraction que peuvent exercer sur certaines régions des puissances étrangères prêtes à profiter de la moindre défaillance. »

La seule voie qui reste aux Congolais c'est de prendre ce phénomène à bras le corps, de le décortiquer et de lever des options fondamentales pour son éradication. La recrudescence spectaculaire de ce phénomène est donc une opportunité pour s'en saisir.

Nous sommes un composite des peuples qui ont vécu des siècles en tant que tribu ou ethnie. L'assemblage opéré par Leopold II pour créer le Congo était un « mariage forcé ». Cet assemblage a fonctionné grâce à l'emprise de la colonisation. Depuis l'indépendance, le 30 juin 1960, c'est l'image progressive d'un État en faillite qui s'observe en s'intensifiant. Le tribalisme y est pour beaucoup. Le Général de Gaule au sujet de l'Europe fédérale avait dit « On ne fait pas d'omelette avec les œufs durs que sont les vieilles nations européennes ». C'est pour dire que l'Europe comme nation unique est difficile à bâtir au départ des vieilles nations établies. Autant les peuples bantous, émigrés du Nigeria-Cameroun occupant l'Afrique centrale jusqu'en Afrique australe s'étaient organisés en royaume, empires, clans ou grandes familles avec des langues, coutumes et traditions distinctes. Leur mise en commun n'est pas une entreprise évidente.

Mais qu'est-ce qui peut expliquer le tribalisme ? Le tribalisme c'est une forme d'ignorance qui empêche une personne de prendre conscience qu'il ne vit plus dans le contexte de son village, et que le village maintenant c'est la république avec ses lois qui supplantent la tradition.

Sous un autre angle, le tribalisme est une agression lorsqu'on le considère comme une manifestation du subconscient en rapport avec les anciennes guerres tribales pour lesquelles aucun accord de paix spécifique ne fut conclu d'une manière ou d'une autre. La preuve, un coupable Congolais n'est jamais condamné par les siens, même pour de délits graves. Si sa tribu est en vogue, il peut même se voir confier des responsabilités au vu et au su de ses victimes.

Enfin, le tribalisme ne serait qu'une simple expression de l'égoïsme pour favoriser les siens vis-à-vis de la précarité généralisée au détriment des autres.

Malheureusement, les conséquences du tribalisme, qui est un aspect du racisme, sont incalculables, elles vont de la démotivation des victimes à la médiocrité généralisée qui constitue un frein au développement du pays. La solution c'est de trouver une « arme » qui peut casser ce phénomène. Cette arme c'est la raison qu'il faut développer par l'éducation comme dit plus haut. C'est un travail de fond qu'il faut faire, n'oublions pas que jusqu'à présent, il y a des tribus qui sont restées ennemies, et d'autres sont restées alliées.

Le slogan « tribu oui, tribalisme non » est bien dit. La prise en compte officielle de nos tribus dans la marche des affaires de la vie nationale est une piste qui peut naturellement dégrader le tribalisme. C'est une erreur d'éviter des discussions sur des questions tribales. Des échanges spécifiques sur ces questions feraient émanciper les gens et empêcheraient les politiques d'utiliser le tribalisme comme arme à cause de leur incapacité d'asseoir la vraie démocratie. De bons résultats se manifesteront lorsque par un effort intellectuel chaque citoyen comprendra et respectera les droits de l'homme c'est-à-dire les droits d'autrui.

Dans un pays aux dimensions continentales, il est tout à fait normal qu'il y ait une très grande diversité, mais la diversité ne doit pas être un frein au développement. Les ethnies et tribus du Congo, du Rwanda et du Burundi ont été bien inventoriées pendant la colonisation. L'ouvrage édité en 1954 de l'Institut Royal Colonial belge intitulé *Orthographie des noms ethniques au Congo Belge* suivie de la nomenclature des principales tribus et langues du Congo belge de R. P. G. VAN BULCK[13] énumère les tribus du Congo notamment. On y identifie un effectif qui va bien au-delà des 250 à 450 tribus dont on parle habituellement, Pygmées compris avec les différentes nuances.

---

[13] R. P. G. VAN BULCK, S. J. Professeur à l'Université pontificale grégorienne de Rome, Président de l'Institut africaniste de l'Université de Louvain et Membre associé de l'Institut Royal Colonial Belge

L'effort intellectuel pour surplomber le tribalisme ne peut être porteur des fruits que si l'organisation de la société intègre cette donne et tient compte des réalités ethnographiques et ethnologiques des peuples constitutifs du Congo. La conquête coloniale a beaucoup privilégié les intérêts économiques des territoires conquis au détriment des autres aspects de la vie des peuples. Les colons n'ont pas vu que les africains sont plutôt communautaristes qu'individualistes -universalistes.

Un autre aspect qui caractérise les Congolais, c'est l'effervescence religieuse qui semble se transformer en opium du peuple et qui n'incite pas toujours au travail pour le développement des peuples. Tout se passe comme si c'est Dieu qui doit travailler à la place des citoyens. C'est la pierre de touche du point suivant.

6

Les pratiques religieuses au Congo

Le but de ce chapitre est simplement de mettre en évidence le constat du moment de la grande religiosité manifestée par la quasi-totalité de la population et l'absence du civisme et de la morale élémentaire dans la société.

Le christianisme a fait ses débuts au Congo à partir du Royaume Kongo en 1482 au 15e siècle par les premiers explorateurs portugais qui avaient trouvé ce royaume plus ou moins bien structuré ayant une capitale et subdivisé en six provinces.

Ces Portugais sont parvenus à convaincre le roi Kongo et son entourage à se convertir au christianisme. Des liens très étroits s'étaient même établis entre le royaume Kongo, le roi du Portugal et le Vatican bien que des périodes de fortes tensions s'en sont suivies entre les ordres religieux et les autochtones. En effet, les bonnes relations de départ qui avaient fait que le roi se convertit au catholicisme et accueillit favorablement les missionnaires et commerçants portugais se transformèrent en adversités à cause de la traite des esclaves comme sujet majeur de discorde. Les négriers sont allés au-delà des règles d'acquisition des esclaves destinés à la traite. D'autres intérêts divergents dont la coexistence du christianisme avec d'autres courants religieux traditionnels conduisirent à la guerre d'Ambouila en 1665 où l'armée du Royaume Kongo fut mise en déroute par les Portugais mieux équipés militairement et aidés par des guerriers yaka. Le pouvoir royal kongo en sortit très affaibli[14].

La pratique effective du christianisme pour tous n'a commencé au Congo que vers 1878 pour l'ensemble des Congolais. L'islam par contre est arrivé au Congo vers 1860, par le commerce de l'ivoire et des esclaves, depuis l'Afrique de l'Est.

Le christianisme a notamment remplacé les croyances des anciens qui étaient animistes. L'animisme est la croyance aux esprits, aux forces vitales, qui animent les êtres vivants, les objets, mais aussi les éléments naturels, comme le vent, la pluie, les pierres ainsi que des génies protecteurs.

La plupart des pratiques anciennes ont été combattues et ont disparu officiellement, et aucun pont n'a pu s'établir avec ces anciens rites qui étaient vus comme de la sorcellerie malveillante. Une meilleure connaissance de ces rites pouvait aider à se positionner en rapport avec les métamorphoses quotidiennes que l'on observe aujourd'hui avec la prolifération des églises d'exhibitions ayant Jésus-Christ comme sauveur. La question est : les pratiques religieuses d'aujourd'hui sont-elles conformes

---

[14] Georges BALANDIER, *Le royaume de Kongo du XVIe au XVIIIe siècle*, page 115

au vrai idéal chrétien ? Nos ancêtres consacraient-ils autant de temps à la prière comme maintenant ?

Dans une société, le civisme et peut-être la religion, engendrent des principes moraux ou tracent des lignes de conduite de la société, le paradigme, c'est-à-dire l'ensemble d'expériences, de croyances et de valeurs qui conditionnent la façon dont un individu perçoit la réalité et réagit face à ce qu'il perçoit. L'absence de paradigme commun dans une société engendre de la frustration entre les personnes vivant ensemble. Le christianisme congolais a évolué pour devenir une activité qui n'est vraiment plus la même par rapport à ses débuts ou comme on le vivait à l'époque coloniale en comparaison notamment avec les pratiques dans certaines nouvelles églises. On est parti d'une religion dont la pratique était basée sur le respect des dix commandements de Dieu c'est-à-dire le respect de tous les aspects de la morale humaine à une religion simplifiée « d'accepter Jésus-Christ et c'est tout. Les gains obtenus dans la vie de tous les jours sont vus comme des grâces divines même si ceux-ci résultent d'une tricherie. Des offrandes sont libérées avec l'idée de s'assurer une place au ciel ».

On constate une grande ferveur religieuse généralisée qui contraste avec les attitudes et comportements affichés par les gens dans la vie de tous les jours. Les principes moraux que l'on retrouve dans la Bible ou dans d'autres livres religieux ne sont pas visibles malgré cette ferveur religieuse qui ferait du Congo un vrai paradis. Il est souvent difficile au Congo de décrocher un rendez-vous avec quelqu'un un dimanche dans l'avant-midi : on est à l'église, on prie. On peut vraiment se poser la question si

l'on n'est pas tombé dans ce qu'avait dit Karl Max, la religion est l'opium du peuple, un narcotique puissant pour supporter les souffrances sociales infligées au peuple par les classes dominantes.
Le christianisme au Congo s'est fortement démocratisé. Les deux églises chrétiennes de départ sont l'Église catholique et l'Église protestante. Une troisième église nationale est l'église kimbanguiste sortie de la lignée du prophète Simon Kimbangu. Des églises dites de réveil se sont greffées, créées par des hommes et de femmes. Des tapages sont légion avec des rythmes bruyants. Dieu est-il devenu bouillant ? Puisque cette façon de prier n'existait pas avant.

Des Africains ironisent souvent en disant qu'il y a beaucoup plus de prophètes au Nigéria que dans la Bible. Le Congo semble être sur cette piste avec ces églises évangéliques à tous les coins de rue.

L'article 22 de la constitution congolaise consacre que toute personne a droit à la liberté de pensée, de conscience et de religion. C'est la liberté qui est donnée à chaque citoyen de croire ou de ne pas croire. À ce titre, la laïcité est donc le principe fondamental qui doit régir ce domaine. À noter toutefois que la laïcité doit être perçue comme la discrétion des religions étant donné leur diversité, leur caractère privé et qu'en plus, l'adhésion à une église se fait par tradition familiale, par mariage ou simplement par volonté personnelle. La laïcité n'est pas la liberté des religions dans le sens de libertinage. Un encadrement juridique des religions est impératif pour règlementer ces activités afin d'épargner les masses de la naïveté.

Ce que l'on peut ajouter en rapport avec l'humain, c'est que par ses capacités intellectuelles, l'homme doit être en mesure de subvenir à ses besoins. Le cerveau, le mental ou simplement la raison permettent de parvenir à cette réalisation. La nature a déjà fourni les ingrédients de base, surtout pour les Congolais. Il ne reste plus qu'à mettre la main à la patte. Les nombreuses et longues prières sont tout à fait inutiles si elles n'accompagnent pas des activités de production effectives. Ora et labora, priez et travaillez.

Sur la base de la quintessence du paragraphe ci-dessus, entrons dans le point suivant qui évoque les défis de la formation et de l'éducation de la jeunesse de nos jours.

7

L'éducation et la formation de la jeunesse

Il n'est un secret pour personne que le niveau de l'enseignement en République démocratique du Congo a fortement baissé et son redressement nécessite de bonnes stratégies pour sortir ce domaine de sa faillite. Les causes sont connues, le problème se situe au niveau des stratégies et des moyens à mettre en place pour espérer un changement. C'est une tâche difficile qui nécessite l'implication totale de l'État et des privés qui investissent dans l'enseignement. On compte de nombreux cas où la médiocrité est telle que des classes montantes offrent aux promotions supérieures des candidats faibles obligeant des enseignants à programmer des révisions des cours de mise à niveau des enfants ou étudiants.

Les infrastructures de base font défaut sur le plan de bâtiments adéquats, de matériels didactiques appropriés et de personnel qualifié. À cela s'ajoutent les difficiles conditions de travail aussi bien pour les enseignants que pour les élèves sans oublier les nombreuses grèves des enseignants qui impactent négativement la marche du système éducatif du pays.

La corruption n'épargne aucun secteur de la vie nationale. C'est un phénomène qui frappe aussi l'enseignement. Charles Djungu-Simba K., enseignant, journaliste et écrivain congolais, fit en 2002 un constat dans son livre « La chèvre, la corde et l'herbe au Congo-Zaïre ». Il s'interroge « comment admettre, par exemple, qu'un professeur formé dans une célèbre université européenne puisse, en pleine séance de délibération, menacer d'un coutelas ses collègues, coupables de faire échouer ceux de sa tribu ? Et un autre cas repris dans ce livre c'est celui d'un professeur bardé de deux doctorats, qui n'hésita pas à déconsidérer sa feuille de côtes, à quelques minutes du début de la délibération, parce qu'il venait d'apprendre que deux étudiants avaient déposé, chez lui, deux jeunes boucs dont les barbichettes ne pouvaient lui inspirer que des sentiments altruistes ».

La baisse du niveau de l'enseignement au plan général fait que l'on rencontre de plus en plus des cadres supérieurs des entreprises qui présentent des insuffisances notoires de formation. Ils deviennent de plus en plus nombreux, il n'est pas rare de rencontrer des dirigeants d'entreprises qui témoignent de leur difficulté de trouver de bons collaborateurs pour mener à bien les actions de leurs entreprises respectives.

Point n'est besoin de rappeler ici la multitude de formes de corruption qui sont en vogue au pays dans le domaine de l'éducation. Nous pensons que pour redresser ce secteur l'appui extérieur est utile pour concevoir avec les locaux des réformes appropriées et s'assurer de leur mise en œuvre, car l'avenir du pays dépend de ce secteur fondamental. C'est une urgence, car la jeunesse ne se rend pas toujours compte de son faible niveau d'instruction à cause de l'environnement politique général qui est sous-coté qui l'empêche de se positionner par rapport à ce qui se fait à l'extérieur.

La jeunesse a besoin d'un encadrement intellectuel et moral. Des structures devraient être créées dont l'objectif serait l'émancipation et la responsabilisation des jeunes en complément de l'instruction classique avec un regard sur l'avenir écologique de la société. On devra veiller à couvrir le déficit éducationnel que l'on observe chez de nombreux jeunes du pays.

La jeunesse congolaise n'a pas suffisamment d'occasions de découvrir le territoire national et de créer des liens nouveaux, d'apprendre la vie en communauté, de pratiquer des activités physiques et sportives pour affirmer sa place dans la société et permettre l'insertion sociale surtout pour ceux issus des milieux défavorisés en vue du renforcement de la cohésion nationale. Le service militaire bien encadré devait être envisagé pour tout jeune qui s'engage dans la vie active.

Le rapport de la jeunesse à l'argent devrait être sublimé. L'accession à des responsabilités politiques ne devrait pas être perçue comme un moyen d'enrichissement personnel, mais plutôt une opportunité pour servir la société. Il est tout à fait malsain de s'enrichir avec de l'argent des pauvres contribuables notamment.

La jeunesse devrait aussi être au fait des questions de croissance des populations dont l'Afrique détient le taux de natalité le plus élevé dans le monde. La démographie impacte sur la qualité de la vie des peuples. Une forte croissance démographique poserait des problèmes d'urbanisation, d'emplois, de sécurité, etc. Il ne faut donc pas que le développement du pays soit dévoré par sa démographie.

La pratique du sport doit être réhabilitée dans son ensemble pour disposer d'une jeunesse éveillée et aguerrie avec des infrastructures appropriées.

Ceci nous emmène à parler de l'apprentissage de la démocratie dans les lignes qui suivent.

8

L'apprentissage de la démocratie

D'emblée, on peut se permettre d'énoncer que le système traditionnel africain n'est pas un système démocratique, la colonisation n'a pas été non plus une école de démocratie pour les Congolais.

L'État de droit lorsqu'il est effectif offre la sécurité aux citoyens. Personne n'est au-dessus des lois, et l'arbitraire est inexistant. Au Congo, depuis l'indépendance, le discours politique va dans ce sens, mais dans la vie concrète c'est d'autres situations qui sont souvent vécues et qui désarticulent tous les aspects de la vie nationale.

Depuis 1965, on constate qu'à chaque arrivée de nouvelles autorités c'est-à-dire ceux qui prennent le pouvoir, ils offrent eux-mêmes des occasions pour que l'on dédouane leurs prédécesseurs qui, pourtant, dans le passé, étaient la cause des maux divers. Les prédécesseurs sont adulés, ils sont comblés de louanges et d'admiration, on a tendance à oublier qu'ils étaient à la base des situations dont les effets néfastes continuent jusqu'à présent. En fait, les méfaits de la deuxième République, l'époque de Mobutu, que tout le monde a décriés sont toujours là, les Congolais ne sont jamais sortis des revers du mobutisme.

Avec la forme de l'État et les mentalités du moment, le grand Congo sera toujours en faillite, l'exercice de la démocratie se butera toujours à des résistances. Les notions de l'État de droit ne peuvent être assimilées que par des communautés homogènes ayant une certaine conscience collective et sur la base d'un apprentissage volontaire.

L'hymne national du Congo a été bien pensé. Nous chantons : Débout Congolais, unis par le sort, unis dans l'effort pour l'indépendance … Oui, les Congolais ont été unis par le sort. Le Congo n'est pas une création de nos ancêtres. C'est une création du roi Léopold II. Sur cette base, le Congo est un bien commun et chaque Congolais devait normalement fonctionner avec un esprit d'équité qui accorde officiellement à chaque individu et à chaque tribu ou ethnie leur part comptablement.

Le néocolonialisme est une évidence dans une certaine mesure, mais n'explique pas la misère au Congo qui trouve sa cause dans la mauvaise gouvernance, l'injustice et le tribalisme. Maintenant, on peut ajouter l'inconscience.

D'un autre côté, que le pays soit couvert de richesses, qu'il attire la convoitise de tous, cela ne justifie pas les massacres et la déstabilisation de son pauvre peuple par des pays étrangers lorsque de simples accords ou des contrats classiques et transparents suffisent pour acquérir les matières convoitées dans le cadre d'un marché commercial dynamique au profit de tous.

La passation des pouvoirs a toujours été un moment difficile dans de nombreux pays même dans ceux qualifiés de grandes démocraties. C'était pareil avec nos anciens. Dans les royaumes africains d'autrefois, la passation des pouvoirs royaux avait souvent donné lieu à de violentes luttes de pouvoirs. Un système transparent à tout point de vue est la solution qui garantit un passage serein à chaque transition. Cela passe par l'aération du paysage politique par la décentralisation et la création des structures de contrôle autonomes à plusieurs étages.

La démocratie cadrée par une bonne constitution permet le vivre ensemble, mais pour former une nation il est aussi nécessaire que les gens aient de façon globale la même éducation, les mêmes comportements et les mêmes habitudes, sinon la nation ne pourrait pas se réaliser. Oui, c'est impératif, car la nation est la somme de volontés de tous les citoyens engagés dans la construction d'un destin commun.

Le Congo a atteint les bas-fonds. La prochaine étape devra être la « remontada » sinon c'est la fin du Congo, la perdition, car la situation deviendrait irrécupérable. En effet, si les Congolais refusent de remonter consciemment la pente, ils vont eux-mêmes laisser libre cours à la création des groupes de puissants financièrement, des oligarques, qui conduiront le pays à « l'explosion », car une telle classe ne peut produire de l'excellence.

Les Congolais ont besoin de leurs tribus Kongo, Mongo, Ngbwaka, Luba, Tetela, Ekonda, Sakata, Pende, Lunda, Bembe, Lega, Sanga, etc. Autant les autres sont Danois, Finlandais, Islandais, Norvégiens, Suédois, Basques, Wallons, Flamands, Écossais, etc. Le mixage de tribus n'est profitable à personne lorsque des individus s'organisent en groupes nuisibles pour abuser des pauvres citoyens. Il va de soi que le pluralisme congolais que l'on peut traduire par le multicommunautarisme est un phénomène plutôt de façade qu'il faut bâtir consciemment.

Le risque de tomber dans la cleptocratie est réel c'est-à-dire un système où de nombreuses personnes d'origine tribale différente, mais vivant en harmonie entre elles, s'approprient le patrimoine commun à leur propre profit avec la complicité de certains étrangers.

Pour éviter la perte d'identités et de repères respectifs, les différentes communautés nationales sont obligées de se regarder en face et se poser la question de leur capacité de vivre ensemble.

Nous sommes libres de créer de nouvelles voies et il y en a. Une nouvelle forme de l'État du Congo n'est pas synonyme de désunion.

Des problèmes existent dans tous les pays du monde et trouvent des solutions, mais ceux du Congo s'éternisent et semblent insolubles. Si donc nous sommes incapables de vivre ensemble sans un penchant communautariste, alors faisons l'expérience de vivre en voisins. Peut-être par cette voie serions-nous capables de nous respecter mutuellement. N'ayons pas peur de nous engager librement dans une voie de changement radical. Nous avons besoin du courage pour innover. Dans cette voie, il est possible que d'autres pays d'Afrique s'inspirent du nouveau modèle congolais, et plus personne n'oserait parler de « pays de merde » comme l'avait dit un dirigeant de l'Occident.

Il est urgent que l'on sorte de ces fléaux qui condamnent les peuples à la résignation et qui génèrent des comportements de complaisance généralisée sur fond de médiocrité. La résignation est visible avec cette religiosité excessive qui enferme les gens dans un obscurantisme indescriptible les empêchant de raisonner normalement. Outre la résignation, l'hypocrisie : on ne critique pas, on se réserve et on ne dit rien.

Depuis quelques années, les élections sont quasi régulièrement organisées au Congo, mais celles-ci se terminent toujours par des tensions de tous genres. Faut-il continuer à les tenir sur la base des mêmes schémas ? Faut-il toujours engloutir des millions de dollars dans l'organisation d'élections qui génèrent toujours des doutes sur la légitimité des élus ? Il est temps de profondément rénover le système électoral qui tiendrait compte des réalités sociologiques des peuples ?

Organiser de bonnes élections est simplement une question de volonté. Une volonté républicaine. Et c'est cette volonté qui fait souvent défaut. « La volonté, c'est la clé du possible », a dit Monique Moreau, une écrivaine belge.

La loi électorale doit être simplement compréhensible par le commun des mortels. Le tribalisme dans notre société étant une réalité, il ne doit pas être ignoré comme phénomène dans l'organisation des élections. C'est une tricherie lorsque des individus d'une tribu donnée se font élire à Kinshasa, la capitale, mais qui visiblement ou en cachette participent à des réunions stratégiques de leur communauté tribale d'origine pour dégager des majorités. De même, la notion de répartition des sièges au parlement ne devrait pas non plus être une astuce pour bloquer l'expression des revendications de certains groupes. Par ailleurs, les tribus autochtones de la région de Kinshasa, les Téké et les Humbu, devraient avoir un espace propre à eux à Kinshasa comme on trouve des concessions réservées aux peuples autochtones aux États-Unis et au Canada. La gestion politico-administrative de certaines communes kinoises devrait leur revenir de droit. Aussi, les origines des députés kinois des assemblées nationale et provinciale devraient être le reflet de l'ensemble de nos tribus, et les Teke Humbu devraient avoir une participation particulière à l'assemblée provinciale de Kinshasa.

J'ajoute ceci : j'ai eu l'occasion de visiter dans l'État de Connecticut aux États-Unis, territoire de Mashantucket, le musée de la tribu autochtone Pequot. J'ai été émerveillé de constater, dans le parking du musée, un grand espace réservé au public et un espace spécial réservé à la sécurité particulière du musée avec la mention « Reserved parking - Tribal security » (Parking réservé - Sécurité tribale).

Retenons ceci : Le grand Congo centralisé avec sa classe politique toxique est une machine à perdre, il porte en lui-même depuis son indépendance le germe d'une autodestruction massive.

Les mentalités congolaises ne se prêtent à aucun changement radical. Une bonne volonté quelconque déclenche immédiatement son contraire. Dans le contexte actuel, rien ne rassure que ce pays parvienne un jour à un fonctionnement normalement républicain. Les quatre-vingts ans de la colonisation et plus de soixante-trois ans d'indépendance n'ont pas permis de créer une vraie nation congolaise républicaine. Nous demeurons toujours un amalgame de tribus partageant un espace commun. Un grand dictateur conviendrait peut-être pour tenir le pays, malheureusement la dictature mènerait encore à des dérives et on finirait par rentrer au point de départ. Oui, dans l'Antiquité au temps de la République romaine, le Sénat pouvait nommer pour une durée déterminée un dictateur en cas de situations graves ou de fortes turbulences. Des philosophes et autres penseurs des temps anciens étaient même favorables à la dictature comme modèle à des moments particuliers. Mais c'est passé, ça ne peut pas fonctionner au Congo. Nous sommes à une autre époque.

L'unité congolaise existe heureusement par sa géographie grâce au majestueux fleuve Congo long de 4 700 km et les affluents qui l'alimentent. Le mystère de la géographie n'a malheureusement pas inspiré les Congolais à former une vraie nation par manque de volonté. Le mal congolais ne va pas s'arrêter, il est viscéral. Ceux qui croient au redressement de ce pays dans son envergure actuelle sans changement radical se trompent lourdement. Tous les dialogues entre Congolais se terminent toujours par des accords qui sont en fait des compromissions et de fait, ne peuvent pas conduire le peuple au bien-être par manque de sincérité.

Il y a dans ce pays des jongleurs, d'autres ont légué l'art de jongler à leurs progénitures. Ils sont là en 1960. En 1965, Mobutu prend le pouvoir, ils entrent en « hibernation » pour réapparaitre comme collaborateurs de Mobutu, et quand Mobutu s'en va, encore en hibernation pour devenir plus tard collaborateurs de

Laurent Désiré Kabila, ainsi de suite. Ils ont compris le système et savent comment jouer. Leurs mandats politiques se transforment en carrières illimitées d'opportunisme sous le regard ébahi du commun des mortels.

Ce phénomène de transhumance politique est la marque des Congolais, et constitue l'une des grandes faiblesses du Congo qui aggravent la corruption décriée officiellement par les autorités elles-mêmes.

N'oublions pas que le monde change. De nombreux Européens sont inquiets des vagues migratoires qui envahissent l'Europe au point que certains ont peur et parlent du grand remplacement. Dans cette vision et selon eux, l'immigration africaine maghrébine et subsaharienne est perçue comme une des causes des maux dont souffre l'Europe surtout à cause de ceux qui ne s'intègrent pas. Mais pour les Congolais avec le potentiel de leur pays, c'est plutôt le mouvement inverse des personnes qui serait la préoccupation. En effet, les atouts naturels dont dispose le Congo sont largement suffisants pour changer le cours de l'histoire, mais le logiciel mental fait défaut. Oui, le mental est un outil précieux d'exploration pour se développer.

Pour le développement et la prospérité du Congo, il est impératif que les principes fondamentaux devant régir le pays soient débattus de manière rationnelle et apaisée, avec pragmatisme et sans complaisance, pour des réformes favorisant la cohésion sociale. C'est la pierre de touche du chapitre suivant.

9

Les matières pour le débat citoyen

Celui qui dirait qu'aucune réforme ou aucun changement radical n'est nécessaire au Congo est un grand menteur. Le présent chapitre et les trois suivants sont une contribution d'idées en vue du débat pour des réformes indispensables à entreprendre pour le Congo. Plusieurs questions viennent à l'esprit. Les Congolais sont-ils incapables et incompétents de gérer leur pays ? Est-ce que c'est à cause de ses dimensions que ce pays ne se développe pas ? Est-ce un problème de moralité ou de maturité du peuple et de ces dirigeants ? C'est cet ensemble de questions qu'il faut se poser pour dégager la voie à suivre.

Reconnaissons d'abord que le problème du Congo réside entre autres dans l'absence de volonté et de courage d'appliquer strictement les lois et règlements du pays qui, de fait, met l'exercice de la bonne gouvernance et de la démocratie en difficulté, autant il est évident bien que le clientélisme politique et la corruption affaiblissent naturellement la démocratie. En effet, lorsque des individus se regroupent pour satisfaire des intérêts particuliers aux dépens de la collectivité, on marche à contrecourant de la démocratie et tout l'édifice ne peut que s'écrouler. Dans ces conditions, les principaux objectifs de la démocratie disparaissent, c'est-à-dire la primauté de la loi, la transparence dans la prise des décisions, la distribution équitable des pouvoirs, la recherche du bien commun et la justice.

La démocratie demeure l'outil classique pour la gestion de la cité. Il faut que le peuple grandisse par le civisme et acquiert de la maturité pour exercer la démocratie. La vie nationale ne devrait pas être rythmée par la personnalité du chef et de son entourage tel que nous le vivons au Congo. Tous les régimes politiques depuis Mobutu consacrent le règne d'une tribu. On parle même de tour : vous avez régné, maintenant c'est notre tour. À ce rythme à quand le tour de la dernière tribu s'il y a plus de 450 tribus dans l'espace national. Et quelle tribu accepterait d'être la dernière. En effet, ça donne l'air d'un système aléatoire de tours, octroyant respectivement à une tribu ou ethnie l'occasion de « *coloniser* » les autres à sa façon. Si c'est ainsi, alors les humoristes ne vont pas s'épargner de conclure que, sous réserve de l'infantilisme, de l'indignité et de l'injustice vécues à l'époque, la colonisation belge semble jusque-là la mieux structurée et la mieux ordonnée.

Un tel esprit n'est pas digne dans une république en plein 21e siècle.

Les partis politiques ne représentent pas grand-chose, ils n'ont pas d'idéologies. Et pour certains c'est simplement des bandes, dirigées par des chefs de bandes pour des intérêts plutôt personnels. C'est des coquilles quasi vides qui ne représentent que les individus qui les composent. Au Congo celui qui dit qu'il est de droite ou de gauche ou encore socialiste ou de l'extrême gauche ou de l'extrême droite il faut retenir que c'est pour rire. Nous avons donc le devoir d'innover suivant nos réalités sociologiques.

Ce livre ne prône pas la division des peuples, mais voudrait s'inscrire dans la ligne d'élévation de la conscience des peuples en vue des débats qui conduiraient au meilleur choix du type de pays qui correspondrait au mieux au développement intégral de l'espace Congo. Le fédéralisme ou un régime quelconque ne devrait pas faire peur. Comme au football, le Congo a besoin d'un nouveau système de jeu pour espérer gagner, celui appliqué jusque-là est improductif et nuisible. En effet, après tant d'années d'infortune, nous n'avancerons que si nous nous organisons autrement sur des bases différentes : le citoyen doit être coresponsable et partenaire au développement.

Les indépendances africaines ont été accordées suivant des schémas occidentaux avec une certaine méconnaissance du fonctionnement des sociétés africaines. Aucun regard n'a été porté sur les rivalités existantes entre communautés avant la colonisation. Il n'existe vraiment pas des faits rapportés sur des tribus qui auraient mutualisé volontairement leurs gestions sous une autorité unique ou collégiale à part bien entendu les invasions de fait.

Et maintenant de ce qui précède, il y a lieu de proposer des solutions, mais lesquelles ? Une diversité de pistes de solutions est envisageable pour le Congo, mais d'emblée ne croyons surtout pas que la solution viendrait de Dieu, le père, à travers des prières interminables des églises de réveil doublées des jeûnes ou par toutes autres pratiques religieuses. Commençons par regarder la trame de l'histoire de notre pays en visualisant toutes les erreurs commises par les uns et les autres. Identifions nos tribus, nos clans et nos ethnies. Rentrons dans l'histoire de nos différentes communautés, nos coutumes, nos traditions, etc. Bref, mettons nos tribus en évidence et examinons notre sort sans concession.

L'expérience a montré que depuis l'indépendance « les élites congolaises sont fragmentées et incapables de se mettre d'accord sur les politiques publiques nécessaires à la promotion du développement économique ni sur les mécanismes de mise en œuvre de ces politiques …les politiques annoncées publiquement ne sont pas mises en œuvre, et les budgets approuvés par le Parlement sont court-circuités par l'exécution des dépenses en procédure d'urgence…Les établissements publics sont gérés comme des entités souveraines et non comme des institutions de l'État devant accomplir des missions d'intérêt public…le taux d'échec de différentes réformes est si impressionnant… »

Sur cette base, on dirait que si vous voulez profiter égoïstement des richesses du Congo, il faut enfermer les Congolais dans un État unitaire centralisé puisqu'ils ne se mettront jamais d'accord entre eux. À titre illustratif pour la seule mandature qui a commencé en janvier 2019, on dénombre des destitutions répétitives des gouverneurs des provinces et des présidents des assemblées provinciales à la suite de l'incapacité des hommes et des femmes de parvenir à des accords pour leur propre contrée. Il apparait que « aimer le Congo » est très différent de « aimer les Congolais ».

Un diplomate occidental en poste au Congo fit un rapport en 1965 à sa hiérarchie dans lequel il déclara « … qu'il n'existe chez les Congolais aucun idéal politique au sens occidental [15]». Le Cardinal congolais Monseigneur Monsengwo l'avait dit en d'autres mots en 2018 que la classe politique congolaise était médiocre. Reformer le Congo signifie mettre en place un dispositif qui va forcer la cohésion nationale, privilégier l'excellence dans toutes les activités de la vie nationale, protéger les personnes vulnérables, garantir la justice, réveiller le sens du respect des uns envers les autres ; aucun groupe ne devrait se sentir brimer par un autre groupe.

Aspirer au changement c'est bien, mais faut-il encore avoir un élément déclencheur qui amorcerait ce changement dans ce pays où il est démontré que la simple alternance politique ne suffit pas pour inoculer l'esprit d'un vrai décollage. D'aucuns pensent que le bon départ viendrait d'un leader politique inspiré s'appuyant sur un groupe de personnes solides ou d'un grand mouvement social interne ou encore d'une pression extérieure de la communauté internationale. À vrai dire, le cas du Congo est très complexe. Dans ce pays, les gens qui bénéficient de près ou de loin des avantages quelconques du pouvoir en place, leurs familles, leurs grandes familles, leurs belles-familles et leurs amies et connaissances sont de fait acquis aux méthodes du

[15] Charles ONANA, *Holocauste au Congo*, , page 284

système même pour des orientations très discutables. C'est un vrai désastre.

Le Congo est comme ça depuis l'époque de Mobutu, c'est un phénomène qui s'est accentué dans le temps. Cette médiocrité explique l'absence de fermeté et de dignité chez de nombreux acteurs politiques dans l'exercice de leurs fonctions. Il faut donc trouver un catalyseur pour amorcer le vrai changement.

Comme indiqué au chapitre 5, le Roi Hassan II du Maroc avait dit en 1989 sur le constat d'échec des indépendances africaines que « les pays d'Afrique ont besoin d'aide ». Sous un certain angle, cette phrase sortant de la bouche de cet homme cultivé pourrait se comprendre par « les pays d'Afrique ont besoin d'être accompagnés », pour certains bien entendu. Dans cette optique, le catalyseur c'est la communauté internationale dont la Belgique qui partage un riche passé historique avec le Congo serait la mieux placée. Comme en chimie, le catalyseur provoque une réaction ou augmente la vitesse d'une réaction par sa seule présence.

La réforme de l'État est un devoir impératif. En fait, la dégradation des mentalités dans le temps au sein de la société congolaise ne permet plus le simple respect de l'application stricte de nombreuses lois. Il faut un nouveau cadre pour recréer l'élitisme dans le contexte d'une saine émulation entre peuples.

C'est à ce prix que l'on peut vraiment sauver le pays et lui épargner une fois pour toutes le risque de la Balkanisation qui le guette depuis des siècles. Nous proposons les trois pistes suivantes à explorer comme modèles de forme de l'État qui conviendrait pour le Congo :

1. L'État unitaire de quotas

2. L'État fédéral de quotas

3. La Confédération.

10

L’État unitaire de quotas

La République démocratique du Congo fonctionne comme un état unitaire théoriquement décentralisé, mais qui dans son fonctionnement effectif est un état unitaire fortement centralisé. Ceci explique en réalité la forte dégradation ou l’abandon de l’arrière-pays. Les structures politico-administratives du pays peuvent suffire pour garantir le développement de toutes les composantes du pays et donner à chaque citoyen toutes ses chances d’émancipation. Malheureusement, les textes sont loin d’être appliqués normalement. Les provinces fonctionnent avec une forte dépendance au système central national. Les provinces qui étaient des centres de profit à l’époque coloniale sont quasiment dépourvues de tout et même dépourvues de ressources humaines qui migrent vers la capitale notamment. La politique des quotas est de fait une piste à explorer.

L’État unitaire de la nouvelle vision serait un État décentralisé qui veillerait systématiquement à la participation équilibrée des communautés dans toutes les affaires nationales suivant le principe de la démocratie participative respectueuse de toutes les filles et de tous les fils du pays. Le nombre de partis politiques devrait être limité à un effectif correspondant aux grandes idéologies préalablement définies. Nos anciens traitaient les problèmes dans les palabres chez le chef ou dans un lieu approprié - l'arbre à palabres- et de là on exorcisait le dissensus pour conduire les gens en conflit vers le consensus afin de garantir l'unité du peuple qui doit toujours demeurer uni et indivisible. C'est en fait cette même pratique ancienne que nous poursuivons aujourd'hui avec les nombreux dialogues politiques entre Congolais sauf que maintenant les dialogues aboutissent à des compromissions, et c'est normal qu'ils ne produisent pas de bons résultats.

Dans l'ensemble, toutes les tribus du Congo sont minoritaires, aucune n'est majoritaire, mais en termes d'ethnies on peut dégager des majorités. L'État unitaire que nous proposons c'est l'État de quotas dans toutes les structures étatiques du pays. La notion de quotas doit être comprise ici comme l'interdiction d'actes de tribalisme qui de fait deviendraient de délits, c'est-à-dire des infractions punies de peines correctionnelles. Dans cette compréhension, la présidence de la République emploierait par exemple un effectif du personnel comptablement mesuré composé de gens de toutes les tribus ou ethnies du pays, du conseiller principal au balayeur. Le président entrant ne viendrait qu'avec un nombre restreint de gens de son propre village ou tribu. C'est un exercice arithmétique obligatoire qui devrait s'appliquer partout et forcer la cohabitation entre Congolais et, de fait, forger l'unité du pays. Dans ces conditions, toutes les institutions de l'État seraient constituées de la diversité avec, bien entendu, de rigoureuses politiques de recrutement pour garantir la performance de l'État.

Le Président de la République devrait avoir la responsabilité de la gestion du pays avec un Premier ministre jouant le rôle de Coordonnateur général de l'action gouvernementale. Ceci pour garantir l'unité de commandement. La durée du mandat du président de la République ne devrait pas excéder les sept ans. Le mandat serait non renouvelable, par rotation ethnique prédéterminée et au suffrage indirect. En effet, cinq ans c'est trop court et le renouvellement de mandat n'est pas profitable puisque le temps de s'installer la première année on est déjà à la quatrième année pour préparer le mandat suivant. À cela s'ajoutent les dépenses colossales rapprochées pour l'organisation des élections qui se chiffrent en millions de dollars américains qui passent au détriment de bons programmes d'infrastructures et d'éducation.

Les mandats renouvelables affaiblissent l'État tandis que les mandats uniques procureraient beaucoup plus de motivations et d'engagements de la part des acteurs politiques. La probabilité de manipulations diverses est très élevée dans le renouvèlement de mandats. On a souvent entendu dire dans les rues africaines qu'on n'organise pas des élections pour les perdre.

De plus, la fonction présidentielle demande un investissement intellectuel et physique considérable. C'est un métier qui exige beaucoup de volonté, de discipline et de sacrifices comparables au travail d'un athlète de haut niveau.

La notion de quotas est déjà de mise dans le pays. En effet, lors des formations des gouvernements, de mise en place dans les entreprises publiques et dans la création de divers ensembles dans la vie nationale, cet aspect est toujours pris en compte bien que souvent de façon déséquilibrée. Il est simplement question de légiférer sur cette question et généraliser son application tout en mettant en place des sanctions à l'endroit de tout contrevenant.

La découpe administrative devrait être revisitée pour assurer une meilleure intégration des peuples selon leur histoire et leurs intérêts réciproques. Prenons le cas de la tribu Ekonda que la colonisation a éclaté en deux : une partie dans l'ancienne Province de l'Équateur, avec Bikoro comme capitale et l'autre partie dans la Province actuelle de Maï-Ndombe qui faisait partie de la province de Bandundu, chef-lieu Kiri. Faut-il les regrouper et former une structure homogène ? Les superficies ne devraient pas être un obstacle dans la création des entités administratives, c'est surtout la volonté des gens de vouloir vivre ensemble qui compte, à cela s'ajoute bien entendu la notion de viabilité économique à prendre en compte impérativement.

Les gouverneurs de provinces seraient élus au suffrage indirect et se succèderaient par rotation des tribus pour des mandats uniques non renouvelables de sept ans. Les députés et les sénateurs aux niveaux national et provincial seraient simplement des représentants de leurs tribus respectives. Chaque tribu envoie au Parlement ses représentants. La configuration du parlement changerait et les partis politiques présenteraient un visage différent de ce que nous voyons actuellement.

Une question : peut-on être député ou sénateur indéfiniment ? Et avec quel profil et à partir de quel âge peut-on accéder à ces mandats pour que l'élu soit efficace et productif au Parlement au lieu d'être un simple figurant.

Un pays africain qui a concilié la tradition africaine et la modernité c'est bien le Botswana qui est un modèle de stabilité, de démocratie et de développement en Afrique. Ce pays est sorti de la colonisation au terme d'un processus négocié avec la Grande-Bretagne par une même élite locale qui a dirigé le pays après l'indépendance. La corruption y est sévèrement réprimée le cas échéant. Les Botswanais inspirent confiance dans le monde. Ils voyagent dans de nombreux pays sans visas. Une anecdote : je me souviens lors d'un voyage de travail au Botswana en 2007, à notre arrivée à l'aéroport, nous avions attendu un moment dans une salle de l'aéroport pour les visas d'entrée. Dans cette attente, une jeune femme du service botswanais d'immigration s'approcha de nous et nous posa la question : « est-il vrai que chez vous au Congo tout s'obtient avec de l'argent, passeport, nomination, vote, etc. ». En fait, le niveau de moralité des Congolais est bien connu dans le monde. Cette jeune femme avait simplement répété ce que le Maréchal Mobutu avait lui-même stigmatisé en parlant du mal zaïrois le 25 novembre 1977 au Congrès du Parti unique, le MPR[16] , que « pour tout dire, tout se vend et s'achète dans notre pays ».

Dans la nouvelle vision, les provinces doivent jouir d'une décentralisation effective, des structures de suivi et de contrôle

---

[16] MPR, Mouvement populaire de la Révolution, Parti politique unique créé par le Président Mobutu le 20 mai 1967.

doivent être mises en place pour l'exécution effective des budgets.

L'armée nationale ne devra pas échapper aux équilibres ethniques à tous les échelons. L'équilibre s'obtiendrait par le recrutement et la formation.

L'enseignement primaire, secondaire et supérieur, serait confié à des établissements valides avec du personnel étranger et des nationaux formés. L'état du secteur impose ces restrictions sinon l'effectif des faux diplômés sur le marché d'emploi serait plus élevé que les bons éléments.

Mais regardons la réalité en face. La République démocratique du Congo est un vaste territoire multiculturel aux dimensions continentales avec une population constituée de plus de 450 tribus parlant plusieurs langues. Malgré les idées formulées ci-dessus, la gestion politico-administrative du Congo comme État unitaire n'est pas une mince affaire et peut être même une entreprise impossible si de nouveaux chantiers d'organisation ne sont pas lancés. L'État unitaire ne peut tenir que si les Congolais en majorité renoncent consciemment et volontairement à l'emprise du tribalisme dans toutes ses formes tout en sauvegardant les valeurs des tribus. Malheureusement, les Congolais ne semblent pas être à la hauteur d'un tel défi.

La carte du Congo de la première de couverture et reprise à la page suivante montre de façon significative l'étendue de la République démocratique du Congo à l'échelle de l'Europe.

« Le match des superficies »

La République démocratique du Congo à l'échelle de l'Europe

Avec sa superficie de 2 345 410 km2, la carte ci-dessus montre que la République démocratique du Congo par son immensité qui fait quatre-vingts fois la Belgique et cinq fois la France, contient toute l'Europe occidentale par sa superficie : L'Allemagne, la Belgique, l'Espagne, la France, la Grèce, l'Italie, le Luxembourg, les Pays-Bas, le Portugal, le Royaume-Uni et la République d'Irlande soit onze pays européens pour approcher la superficie du Congo. C'est une carte révélatrice. Le lecteur notera que le positionnement des pays sur cette carte est simplement en rapport à leurs superficies respectives selon les onze anciennes provinces du Congo.

La population des onze pays européens prise en comparaison ci-dessus est de l'ordre de 377 millions d'habitants et la population de la République démocratique du Congo à près de 85 millions d'habitants selon les statistiques de 2015, soit 22% par rapport à ces pays[17]. Les autorités congolaises seront-elles capables de contenir un accroissement des populations au quintuple dans un État unitaire centralisé ?

La démographie africaine est parmi celles qui avancent aux pas de course et les places sont de plus en plus limitées pour l'immigration vers l'occident.

Mais après tout, à quoi bon partir lorsque localement on « marche » sur de l'or, le diamant, le cuivre, le cobalt, le coltan dans des paysages pittoresques sous un soleil permanent. C'est

---

[17] On estime à plus de 100 millions d'habitants la population congolaise en 2023.

triste que l'on compte des Congolais parmi les jeunes qui risquent leur vie dans les traversées de fortune de la mer méditerranée pour joindre l'Europe à cause des conditions sociales invivables au « Congo riche ». Pareil pour d'autres qui font autant en passant

par des pays de l'Amérique Latine en suivant des chemins très dangereux pour atteindre les États-Unis d'Amérique.

Les deux tableaux ci-dessous donnent respectivement les estimations des superficies, des populations et les chefs-lieux des vingt-six provinces de la République démocratique du Congo selon la constitution de 2006, et les superficies des pays cités de l'Europe occidentale. Les nouvelles provinces congolaises sont effectivement opérationnelles depuis juin-juillet 2015. Elles sont passées de onze à vingt-six.

Tableau 1

N°	Province	Chef-lieu	Superficie (km²)	Population (2015)
1	Kinshasa	Kinshasa	9 965	11 575 000
2	Kongo central	Matadi	53 920	5 575 000
3	Kwango	Kenge	89 974	2 152 000
4	Kwilu	Bandundu	78 533	5 490 000
5	Maï-Ndombe	Inongo	127 243	1 852 000
3, 4 et 5 formaient l'ex Province de Bandundu			295 750	9 494 000
6	Équateur	Mbandaka	103 902	1 528 000
7	Tshuapa	Boende	132 957	1 600 000
8	Mongala	Lisala	58 141	1 740 000
9	Nord-Ubangi	Gbadolite	56 644	1 269 000
10	Sud-Ubangi	Gemena	51 648	2 458 000
6, 7, 8, 9 et 10 formaient l'ex-Province de l'Équateur			403 292	8 596 000

N°	Province	Chef-lieu	Superficie (km²)	Population (2015)
11	Tshopo	Kisangani	199 567	2 352 000
12	Bas-Uélé	Buta	148 331	1 138 000
13	Haut-Uélé	Isiro	89 683	1 864 000
14	Ituri	Bunia	65 658	3 650 000
11, 12, 13 et 14 formaient l'ex-Province Orientale			503 239	9 003 000
15	Nord-Kivu	Goma	59 483	6 655 000
16	Sud-Kivu	Bukavu	64 791	5 772 000
17	Maniema	Kindu	132 250	2 333 000
18	Tanganyika	Kalemie	134 940	3 062 000
19	Haut-Katanga	Lubumbashi	132 425	4 617 000
20	Haut-Lomami	Kamina	108 204	2 957 000
21	Lualaba	Kolwezi	121 308	2 570 000

18, 19, 20 et 21 formaient l'ex-Province du Katanga			496 877	13 207 000
22	Kasaï oriental	Mbuji-Mayi	9 545	3 145 000
23	Lomami	Kabinda	56 426	2 443 000
24	Sankuru	Lusambo	104 331	2 110 000
22, 23 et 24 formaient l'ex-Province du Kasaï Oriental			170 302	7 698 000
25	Kasaï	Tshikapa	95 631	2 801 000
26	Kasaï central	Kananga	59 500	3 317 000
25 et 26 formaient l'ex-Province du Kasaï Occidental			155 131	6 118 000

(Sources : Institut National de la Statistique, Annuaire statistique 2015, mars 2017)

Tableau 2

Item	Pays	Superficie en kilomètre carré	Observations
1	Allemagne,	357 000	
2	Belgique,	30 500	
3	Espagne,	497 500	Sans les Canaries
4	France,	549 000	France métropolitaine
5	Grèce,	132 000	
6	Italie,	301 000	
7	Luxembourg,	2 586	
8	Pays-Bas,	41 528	
9	Portugal	92 000	
10	Royaume-Uni.	253 500	Royaume-Uni de Grande-Bretagne et d'Irlande du Nord
11	Irlande	70 000	
Total		2 326 614	

(Source : Le Petit Larousse illustré 2023)

Enfin, si l'on parle des dimensions continentales du Congo, on ne peut pas s'empêcher de parler de l'Afrique. En effet, l'Afrique est si immense que sa superficie contient les États-Unis, la Chine, l'Inde, ainsi que le Japon et à peu près toute l'Europe.

Avec son potentiel énorme et varié, il est évident que l'Afrique est destinée à jouer un rôle de premier plan dans le monde à l'avenir. Il est donc du devoir de ses ressortissants de prendre conscience de cette réalité et de développer un comportement conséquent pour que la vraie taille de l'Afrique corresponde à la place qu'elle doit occuper dans le monde.

Après l'État unitaire de quotas, parlons maintenant de la proposition de l'État fédéral de quotas au point suivant.

11

L'État fédéral de quotas

Une deuxième piste à explorer est l'État fédéral de quotas. La constitution de Luluabourg de 1964 avait consacré l'État fédéral du Congo. Le temps de sa mise en œuvre a été devancé par le coup d'État du 24 novembre 1965 de Joseph Désiré Mobutu alors Lieutenant-Général de l'Armée nationale congolaise, l'ANC, qui instaura un régime autoritaire centralisé. La conférence nationale souveraine, la CNS, tenue à Kinshasa d'avril à décembre 1992, était revenue sur la forme de l'État. Il s'y était dégagé que l'avenir de la République démocratique du Congo s'inscrivait dans le fédéralisme. La Constitution de la République fédérale du Congo avait même été adoptée par les participants à ce forum.

Plus en arrière, l'histoire nous renseigne qu'à la Table ronde de Tananarive au Madagascar tenue du 8 au 12 mars 1961 pour la recherche des solutions pour l'unité du Congo, l'option d'une confédération à 16 États avait été exprimée, mais l'absence de toutes les forces politiques du pays laissera l'idée en suspens. Et à la Table ronde de Coquilhatville (Mbandaka) organisée du 24 avril au 28 mai 1961, on a parlé de la République fédérale du Congo dotée de 19 États.

Les Nations Unies avaient aussi pour objectif un Congo fédéral ou confédéral comme le rappelle David Van Reybrouck dans son livre « Congo, Une histoire » c'est-à-dire un pays unifié avec des pouvoirs provinciaux étendus.

Depuis, on en parle plus. C'est étonnant que tous les exécutifs qui sont venus après le Président Mobutu ne soient pas revenus sur la nature centralisée du pouvoir voulu par un homme. En vérité, il ne se pose aucun problème pour que le fédéralisme soit institué en République démocratique du Congo. L'option a déjà été levée. Peut-être quelques adaptations pour le rendre effectif. Cependant, il faut un vrai fédéralisme comme cela se vit dans les grandes nations du monde comme les États-Unis d'Amérique, l'Allemagne ou la Belgique pour ne citer que ceux-là. S'agissant de la Belgique, il est important de noter qu'à la suite de nombreuses crises politiques entre les communautés flamande (néerlandophone) et wallonne (francophone), le pays a évolué d'un État unitaire centralisé en État fédéral décentralisé.

Pour garantir les équilibres et la cohésion nationale, l'État fédéral doit également être un État de quotas comme dit dans la proposition de l'État unitaire. L'État fédéral installé dans sa plénitude ne devrait pas être un semblant de fédéralisme qui basculerait dans l'unitarisme dans son fonctionnement effectif. Le risque est réel.

Le fédéralisme devra être respectueux des principes d'autonomie, de participation et d'égalité des États. Chaque État développera son modèle de gestion et de gouvernance adapté au contexte social, culturel et économique de son territoire, mais suivant des directives nationales.

Dans un état fédéral, on a une police autonome, une police locale. En 2018, lors d'un séjour à Bilbao en Espagne dans la communauté autonome du Pays basque, on me montrera un bâtiment abritant les services de la Police fédérale. Mon interlocuteur, un vrai Basque qui est fier de l'être tout en se considérant un vrai Espagnol, me dira que « ici, nous avons notre police sur place de la communauté autonome du Pays basque ; la Police fédérale, c'est pour les grandes affaires comme le terrorisme, etc. »

Pour clore ce chapitre sur le fédéralisme, il y a lieu d'être vigilant comme dit plus haut, car le fédéralisme fonctionne avec une seule autorité nationale qui dans son fonctionnement peut faire basculer le pays vers un État unitaire par des combines malignes. Par ailleurs, quel que soit le régime, la vie démocratique doit être effective notamment sur son corolaire qui est la distribution équitable de la Justice. Aujourd'hui dans le monde, les anciens nazis qui sont identifiés sont toujours poursuivis en justice et cela malgré leur âge parfois très avancé, le droit d'ainesse ou la notoriété ne doit pas être un frein à l'application du droit. Un effort est donc à faire au regard de nos coutumes.

L'État unitaire de quotas est une voie, mais présente des limites, l'État fédéral de quotas décrit dans ce chapitre est une autre option qui s'offre aux Congolais dont le principe a déjà été accepté par ailleurs. Voyons maintenant la troisième voie : la Confédération.

12

La Confédération

Balkanisation est un mot tabou. Celui qui le prononce et soutient l'idée de Balkanisation pour l'avenir du pays peut avoir une bonne partie de l'opinion nationale sur le dos et être considéré à la solde de l'étranger ou être qualifié de séparatiste. Mais voici la contradiction : nous voulons demeurer unis, nous réclamons l'unité du Congo, et au même moment nous n'arrivons pas à bâtir une vraie nation puisque nous sommes communautaristes.

Alors, mettons cette notion sur la table pour l'analyser froidement.

D'emblée, nous devons comprendre que nous sommes issus, de par nos ancêtres, des entités autonomes, les anciens États traditionnels. C'était des royaumes, des empires, de grandes familles structurées, etc. Nous avions donc des États dont certains étaient organisés en des structures quasi complètes. Lorsque nous disons « Congo, pays de nos ancêtres », il s'agit d'ancêtres pluriels, à chacun ses ancêtres, nos ancêtres vus par nos tribus et non selon le Congo qui n'existait pas avant le roi Léopold II. Nos pays d'origine demeurent nos tribus, nos ethnies qui ne vivaient pas toujours en parfaite harmonie et en communion les unes des autres. Le Royaume Kongo, l'Empire

Lunda, Le Royaume Luba, les riverains de l'Entre-Congo-Ubangi, les peuples mongo, les Kuba, les Ngbandi, les Mangbetu, les Wagenia, les royautés des Grands Lacs sont des organisations réelles qui ont fonctionné avant l'ère léopoldienne. La colonisation a mis fin au fonctionnement de ces structures et n'a pas prévu dans son agenda l'idée de créer une vraie et forte nation au centre de l'Afrique par un mixage rationnel des mentalités et la sauvegarde de certains aspects des anciennes cultures.

L'historien Leon de Saint Moulin a dit à l'occasion des 50 ans de l'indépendance du Congo que « l'une des clés d'un avenir meilleur est d'élaborer une bonne articulation entre la conscience nationale et les aspirations régionales des populations »[18]

Le Congo à lui tout seul « avale » l'Europe occidentale par sa superficie, le gérer en État unitaire centralisé n'est pas évident. Comme dit ci-haut, l'Europe même fait face à de difficulté d'intégrer la diversité des histoires et des modèles nationaux. Mettre ensemble des Portugais, des Espagnols, des Italiens, des Français, des Allemands, des Grecs et les Nordiques sous une même autorité ne serait pas une entreprise facile à réaliser. En outre, en plein 21e siècle on a encore des situations dans certaines zones en Europe où des communautés réclament des droits identitaires : la Corse en France, la Catalogne en Espagne, la guerre en Ukraine, etc.

[18] Léon de Saint Moulin, Atlas du jubilé d'or de la RD Congo, page 32.

Le roi Léopold II a voulu une colonie pour son pays, la Belgique, il l'a eue. Il a été le premier souverain du Congo, donc le premier Chef d'État absolu avant la cession du pays à la Belgique. Avec tant d'efforts et de sacrifices, des Belges et des Congolais ont bâti ensemble en tant que Congo belge, un grand et beau pays en 52 ans seulement, un État quasi moderne de l'époque. Mais voilà qu'à partir du 30 juin 1960 la chute a commencé et cela dure maintenant plus de 63 ans.

La Balkanisation, le mot existe, on a des cas en Europe, en Afrique, et le Congo est en proie à la Balkanisation depuis sa création. Serait-elle une piste qui sortirait ce pays de sa léthargie ?

Pourquoi sommes-nous ensemble et que faisons-nous ensemble ? Des exemples sont légion dans le monde où des pays ont été démembrés pour diverses raisons. Pourquoi désirer à tout prix vivre ensemble dans un grand pays aux dimensions continentales et manquer de volonté et de capacité de le gérer sur tous les plans après plusieurs décennies. Pourquoi ?

Si le Soudan du Sud est devenu indépendant le 14 janvier 2011 c'est à cause de conflits armés de plus de 20 ans entre le nord et le sud qui ont totalisé près de 2 millions de morts et plus de 4 millions de déplacés.

L'éclatement de l'Union des républiques socialistes soviétiques, l'URSS, en 1991 a créé plusieurs états. L'histoire nous enseigne que dans la mouvance de l'accession à l'indépendance en Afrique occidentale française, un État a failli exister regroupant le Sénégal, le Soudan français (aujourd'hui le

Mali), le Dahomey (Bénin) et la Haute-Volta (Burkina Faso). Par manque de compromis entre panafricanistes, fédéralistes et nationalistes, le Dahomey (Bénin) et la Haute-Volta (Burkina Faso) refusèrent d'adhérer à cette association. Le Sénégal et le Soudan français formèrent la « Fédération du Mali » qui deviendra un État, mais qui n'existera qu'en moins d'une année 1959-1960. Le Sénégal quitta l'union et vota son indépendance et le Mali fit autant par la suite.

Si ces quatre pays avaient adhéré à ce projet d'un grand État, celui-ci serait-il plus efficace que les quatre pays autonomes d'aujourd'hui ? Ces quatre pays ne sont-ils pas membres de l'organisation sous-régionale, la CEDEAO (Communauté économique des États de l'Afrique de l'Ouest)?

Qu'est-ce que la Balkanisation ? Balkanisation vient du mot Balkans, la péninsule de Balkans. Cette péninsule englobe l'Albanie, la Bosnie-Herzégovine, la Bulgarie, la Croatie, la Grèce, le Kosovo, la Macédoine du Nord, le Monténégro, la Serbie, la Slovénie, la Roumanie et la Turquie. C'est une région essentiellement montagneuse. C'est un creuset où se mêlent divers peuples. La péninsule balkanique fut soumise aux Turcs à partir de la fin du XIVe siècle. L'Europe chrétienne amorça sa reconquête au XVIIIe siècle. La lutte des peuples balkaniques contre la domination ottomane (turque), les dissensions religieuses entre orthodoxes, catholiques et musulmans et les rivalités des grandes puissances donnèrent lieu à de nombreux conflits. La Yougoslavie qui regroupait six États (Bosnie-Herzégovine, Croatie, Macédoine, Monténégro, Serbie et Slovénie) s'était progressivement désintégrée et le dernier acte eut lieu en 2006 lorsque la Fédération de Serbie-et-Monténégro a généré deux États distincts. On se souvient des guerres et conflits en Croatie, en Bosnie-Herzégovine et au Kosovo.

Selon Larousse, la Balkanisation est un processus qui aboutit à la fragmentation en de nombreux États de ce qui constituait auparavant une entité territoriale et politique.

Maintenant, considérons un autre aspect de choses. Il est souvent dit que « l'Africain est dans une civilisation communautariste et non individualiste-universaliste ». Ajoutons à cela le fait que de nombreuses communautés qui ont été groupées pour former des États en Afrique ne se connaissaient pas ou se combattaient. Alors sur cette base simple, réaliste et rationnelle, on arrive à l'une des voies qui conviendraient pour ce pays : la Confédération.

Nous avons l'obligation d'innover, mais innover consciemment. En effet, les années d'indépendance passées ensemble n'ont pas engendré une nation, et cela est le plus grand et inexcusable échec des Congolais. Un pays aux dimensions continentales avec une multitude de tribus et ethnies devait normalement et naturellement être une chance pour tous, car un tel pays évoluerait plus aisément vers un État de droit et devenir multiculturel comme les États-Unis ou le Canada qui sont des pays composés d'individus issus de différentes cultures, mais qui tous adhèrent à des principes édictés par des institutions fortes. Au Congo, après autant d'années d'indépendance, ça ne marche pas, il n'y a pas de cohésion nationale, les institutions de la

République sont faibles. On peut en conclure avec courage que la voie choisie n'est pas la bonne.

Il n'y a que des hommes et des femmes qui peuvent changer le monde. Et pour le Congo, le changement c'est maintenant et c'est mieux par les Congolais eux-mêmes.

Le pays peut être subdivisé en États autonomes suivant l'homogénéité ethnique volontairement exprimée. Ces États peuvent librement et globalement créer d'office un grand ensemble qu'on appellerait l'Union congolaise.

Pendant la rédaction de ce livre, je me suis livré à des enquêtes informelles avec des personnes de catégories diverses sur l'idée de la Balkanisation. Un groupe de personnes instruites me dira qu'on ne doit pas balkaniser le pays, ce qu'il nous faut c'est simplement un bon Chef et c'est tout. Un autre groupe dira que ce n'est pas bon parce que ce pays a de la richesse partout. Si l'on modifie la structure du pays, il y a un risque que des provinces jugent inutile de continuer avec les autres. C'est le troisième groupe de gens interrogé qui s'est exclamé, disant simplement « finalement que faisons-nous ensemble et que gagnons-nous en restant ensemble, et pourquoi continuer comme ça ? ». Ce questionnement est rationnel à l'opposé des deux groupes précédents dont les gens ont simplement peur du changement, mais se lamentent de la médiocrité actuelle. Le premier groupe rêve d'un dictateur qui conduirait encore le pays à la dérive tandis que le deuxième groupe fonctionne avec l'esprit du « mythe Congo ».

L'Union congolaise que nous proposons prendrait en charge des matières spécifiques qu'on aura identifiées de communs accords tels que la défense des États de l'Union. Une seule armée pour tous les États avec des structures dans chaque État et des effectifs à recruter équitablement dans chaque État. Une coopération militaire avec la Belgique, l'ancienne puissance coloniale, pourrait aider à garantir les équilibres.

Pour son démarrage et sa mise en place, l'Union congolaise fera recours à son intelligentsia donc ses sociologues, ses juristes, ses politologues, ses économistes, ses ingénieurs et les sages de toutes les tribus, et à une assistance d'experts internationaux de haut rang. L'Union congolaise devra rester une union des États et jamais une union des nations pour éviter de sombrer de nouveau dans des situations comparables à celles d'aujourd'hui. La présidence de l'Union congolaise devra être tournante pour des durées relativement courtes à mandat unique. Une seule armée, et peut-être une seule monnaie et une même diplomatie. Chaque État aura sa police et sa politique socio-économique.

La confédération est par définition une union d'États indépendants déléguant, par divers traités, l'exercice de certaines compétences spécifiques à des organes communs chargés de coordonner des activités d'un certain nombre de domaines, sans constituer un nouvel État superposé aux États membres.

Les États seront indépendants, le principe de souveraineté internationale sera reconnu à chaque membre de l'Union au regard du droit international.

Pour percevoir la nuance, il faut noter que la fédération consiste en un État unique, l'État fédéral, qui partage les compétences constitutionnelles avec les États membres, souverains dans leurs propres domaines de compétence sans être pour autant des États indépendants.

Les fonds qui sont annuellement mis à la disposition de la mission des Nations Unies au Congo, la Monusco, sont suffisants pour bâtir les nouveaux États qui souffriraient d'infrastructures de base, étant entendu que les guerres et les rébellions que connait le Congo auront cessées définitivement et naturellement avec cette option. Les États seront constitués des peuples homogènes, et de fait, l'émergence d'une mauvaise gouvernance ou d'une dictature quelconque serait rapidement « réprimée » par les masses populaires qui seraient naturellement plus intransigeantes.

À l'opposé du Grand Congo centralisé, aucune ethnie n'acceptera d'être malmenée par un fils ou par une fille de son terroir. Autant, aucune communauté ne supportera d'être reléguée au bas de l'échelle par rapport aux autres États de l'union à cause de l'inconscience de ses propres élus.

L'idéal serait aussi que les États indépendants à créer adoptent pour eux-mêmes le système fédéral de quotas et de rotation de pouvoir à mandat unique, car il est vrai que les provinces du Congo sont plurielles au plan des traditions et de culture. C'est mieux, car des États unitaires centralisés pourraient refaire l'expérience du Grand Congo actuel avec tous ses maux. Le principe de base serait donc de créer des États qui eux-mêmes adopteraient le système fédéral individuellement avec des États fédérés.

Il n'y a rien de plus noble que de retourner dans ses terres et de rêver à moderniser son environnement avec l'esprit d'émulation. Ceux qui tiennent mordicus à un Congo uni et indivisible auront toujours leur Congo uni avec la Confédération, c'est-à-dire un Congo plus structuré en lieu et place de ce Congo centralisé à problèmes.

La division du pays du genre Est-Ouest, c'est-à-dire créer deux républiques, va faire sombrer ces deux structures dans la même situation du Grand Congo actuel. Non, on doit créer des États composés de tribus homogènes pouvant partager librement la vie ensemble. C'est une erreur de croire en l'existence d'une République de l'Ouest et d'une République de l'Est.

L'émulation c'est-à-dire la volonté qui porte à égaler ou à surpasser les autres sera le maitre mot des peuples et l'arrière-pays de tous les États aura enfin l'occasion d'exister. De nouveaux investissements et, de fait, de nouvelles destinations touristiques naitront à coup sûr.

Pourquoi choisir la Confédération ? Nous proposons ce système parce que la nature nous y oblige. Bien que nous soyons des peuples composites, bien que nous ne soyons pas parvenus à faire corps, à créer une nation, il est pourtant vrai que lorsque l'on observe la volonté du roi Léopold II qui a voulu et obtenu avec tact tout le territoire du vaste bassin du fleuve Congo, il semble que cette volonté était une vision de réunir des communautés autour d'un fleuve majestueux qui draine des eaux constituées de l'apport des affluents qui parcourent tout le territoire congolais. L'eau est une ressource stratégique.

Le fleuve Congo est le seul fleuve au monde qui traverse deux fois l'équateur. Son débit varie entre 25 000 à plus de 60 000 m3/sec (41 000 m3/sec de débit moyen). Au point de confluence avec l'océan, les eaux du fleuve pénètrent dans l'océan à une vitesse de 6 à 10 km à l'heure sur plusieurs dizaines de kilomètres. Des pécheurs rapportent qu'ils s'approvisionnent parfois en eau douce pour leurs besoins culinaires en plein océan, nul besoin de revenir sur la terre ferme. La configuration de l'hydrologie du bassin du Congo est de fait une affaire de toutes les communautés congolaises, c'est un patrimoine national d'unité. Là, on pourrait parler du génie du roi Leopold II cité par le roi Baudouin dans son discours du 30 juin 1960.

La Confédération parce que ce grand territoire d'Afrique centrale est à cheval sur l'équateur. S'il ne pleut pas au nord, il pleut au sud et vice-versa c'est-à-dire une garantie pour des programmes agricoles pérennes.

La confédération fera que les communautés congolaises actuelles seront toutes en même temps des voisins et en même temps ensemble. Il se dégagera naturellement un plus grand respect réciproque entre ressortissants de l'Union congolaise. Dans cet entendement, la confédération va générer une nouvelle dynamique qui va entrainer un développement extraordinaire qui impacterait non seulement l'Afrique, mais l'humanité entière. Cette expérience pourrait être suivie par d'autres.

Quel est le nombre d'États à créer ? Le nombre d'États à créer dépendra des sensibilités des ethnies et tribus, mais les références seraient les six provinces de l'époque coloniale et les onze anciennes provinces de la République démocratique du Congo qui étaient opérationnelles jusque 2015. Cependant, les découpes doivent impérativement tenir compte de la viabilité économique des États à former sur la base du potentiel existant directement exploitable.

La mise en œuvre de ce projet peut éventuellement entrainer de nombreux mouvements des populations avec des problèmes spécifiques qu'ils vont engendrer. Une structure spéciale devrait être responsable de ces questions spécifiques. Il devra être noté que la libre circulation des personnes et des biens serait l'un des principes de base de la fondation de l'Union congolaise. Nous avons déjà l'expérience de la libre circulation des personnes au sein de la CEPGL, la Communauté économique des pays des Grands Lacs qui regroupe le Rwanda, le Burundi et la République démocratique du Congo.

Des jeunes bien formés seraient le fer de lance de cette nouvelle expérience qui éloignerait toute médiocrité qui cloue au sol le décollage du pays depuis des décennies. Que chacun garde ses racines, sa culture tout en vivant en partage et en bon voisinage avec les autres. Ceux qui auront des liens avec plus d'un État auront l'obligation de faire allégeance politique à un seul État. On ne peut être ministre dans deux États.

Le présent moment est capital, le monde change et des problèmes d'origines diverses guettent l'humanité. Chaque partie du monde a l'obligation de trouver des voies et moyens de garantir la paix et la survie des populations de son ressort. La naissance de l'Union congolaise sera le point de départ d'une vraie révolution africaine qui changera le monde. L'immigration vers l'Europe disparaitra ou du moins connaitra une baisse, les ardeurs de l'extrême droite européenne se calmeront avec la démocratie, la justice et la bonne gouvernance qui seraient de mise dans les nouveaux États de la confédération.

Les compétences de l'Union congolaise ou de la Confédération congolaise se développeront autour des axes tels que :

- La gestion de l'hydrologie ;
- La libre circulation des personnes à l'intérieur de l'Union. Chacun doit jouir de tous les droits, autant chacun a le devoir d'être en harmonie avec tout milieu d'accueil ;
- La défense de l'Union, chaque État participe à égalité à l'ossature et dans les effectifs de l'armée ;
- La gestion de certains aspects du secteur de la santé ;
- La mutualisation du traitement de certaines matières du secteur des affaires étrangères ;
- La mutualisation des efforts pour la construction des infrastructures frontalières de base et d'intérêt global. (Construction des ponts, routes, rails, parcs animaliers, etc.)

- La gestion de certains aspects du secteur des sports ;
- Le suivi des projets communs et règlement des litiges entre États ;
- La gestion administrative des activités de l'Union. Le Bureau du Président de l'Union serait constitué selon des principes d'équité (quotas). La présidence de l'Union serait à mandat unique et le Président devrait être en mesure de s'exprimer dans les quatre langues nationales y compris le personnel de cette institution ;
- Les relations avec les pays frontaliers. La position stratégique du Congo exige le bon voisinage avec les pays limitrophes. Les animosités et l'inimitié avec les voisins trahissent l'esprit du panafricanisme ;
- Etc.

L'Afrique est un continent qui a des atouts énormes à travers un potentiel extrêmement riche avec de plus en plus des ressources humaines de haut niveau. C'est le moment de se redéfinir dans le sens des recommandations de nombreux dirigeants du monde qui demandent à la jeunesse africaine de tirer les leçons du passé et de s'inventer un avenir avec volonté, force de caractère et détermination.

La carte du Congo à l'échelle de l'Europe reprise à la page 105 de ce livre est une suggestion à la réflexion pour de meilleurs choix pour ce pays : le fédéralisme ou mieux le confédéralisme.

Un humoriste qui verrait cette carte ne tarderait pas à dire que le grand territoire du Congo doit avoir au minimum onze chefs d'État, onze Premiers ministres, onze présidents d'assemblées nationales, onze présidents des sénats, etc. Il y a donc des postes vacants pour tout le monde.

Prenons conscience du fait que jusque 1885, les Congolais avaient globalement vécu selon des structures étatiques autonomes traditionnelles. Mais à partir de cette année-là, les choses ont radicalement changé. Des millions de gens (les Congolais) ont été « assignés » dans une « cage » par le roi Leopold II et son agent Henry Morton Stanley sur décision du Congrès de Berlin siégeant sous la présidence du Chancelier allemand Bismarck. La confédération est la seule structure qui permettra aux Congolais de sortir mentalement de cette cage et de bâtir consciemment une organisation solide.

Les cogitations de ce livre sont la résultante de ce que l'auteur a observé et a compris en regardant les gens avec leur sociologie à travers le pays. Il ne peut se priver de relater un aspect de tourisme de ce grand pays qui procure des souvenirs qui ne meurent pas. Ses quelques souvenirs sont décrits dans les lignes qui suivent.

13

Un brin de tourisme

J'ai eu la chance d'effectuer plusieurs déplacements dans les différentes provinces du Congo. J'ai marché dans la quasi-totalité des capitales des provinces de la République. De nombreux souvenirs touristiques demeurent vivaces en moi. Commenter toutes les merveilles observées dans ce pays se traduirait par la rédaction de plusieurs pages sur le tourisme au Congo avec le risque de changer le thème de ce livre. Tout ce que l'on observe en circulant dans ce pays procure toujours de la stupéfaction. Ce chapitre est l'intrus de ce livre, une détente avant l'épilogue.

Ce pays, sa faune vous fait découvrir des lions, des buffles, des antilopes, des okapis, des hippopotames, des léopards, des crocodiles ; sa flore comprend des forêts denses, des savanes impressionnantes ; des paysages pittoresques exhibant des volcans, des montagnes couvertes de glace, le Ruwenzori, etc.

Ceux qui ont visité les parcs nationaux du Congo en gardent de merveilleux souvenirs. Quant à moi, j'ai en souvenir des années 80 des moments extraordinaires d'avoir croisé des lions la nuit dans le parc de Virunga en allant à Butembo. Un groupe de lions assis sur la route en terre. On s'arrête. On patiente, on leur envoie des lumières du véhicule. On attend. Et enfin voilà, ils se décident de dégager la route, nous avons continué notre route. C'était comme par entente mutuelle.

En plein Parc de Kahozi Biega au Sud-Kivu, j'ai participé en groupe avec mon ami Claude Lechat et des collègues congolais à une visite des gorilles de montagne où nous avions rencontré une famille de gorilles dont le mâle courroucé nous avait intimidés. Quelle frayeur ! En fait, nous nous sommes retrouvés lors de la visite sur un sentier nous mettant entre le mâle d'un côté, et la femelle et leurs petits de l'autre côté. Le mâle ne voyant pas sa famille le suivre a chargé. J'ai vu la grosse main du primate à près de trois mètres de moi, et à une distance encore moindre par rapport à mon collègue qui était derrière moi et qui clôturait la file. La frayeur était si forte que nous avions eu des habits humides de sueur. Nos guides avaient lancé des petits cris diffus à l'endroit des primates. Ils nous ont rappelés de l'obligation d'être toujours groupés et serrés lors des visites dans ces lieux sauvages.

Je me souviens, nous avions été dépossédés de nos bananes par des singes qui rodaient autour de nous lorsqu'en route pour Butembo nous avions stationné sur la route à la hauteur de l'hôtel de la Rwindi non loin de la localité de Kanyabayonga avant des escarpements de Kabasha, en plein parc de Virunga. Ils ont vu nos bananes sur le capot du véhicule, il se sont approchés, et les voilà partis avec nos bananes. Nous avions placé de nouvelles bananes, ils sont revenus de nouveau pour faire la même chose.

Nous avions croisé un éléphant venant du parc national faisant une « promenade de santé » sur la principale avenue du village

Vitshumbi, un village de pêcheurs situé sur les rives du lac Edouard. Les villageois nous ont demandé de stationner pour laisser passer le pachyderme. C'était un mot d'ordre lorsque les éléphants « visitent » le village des humains.

J'ai vu des hippopotames en train de se baigner avec de l'eau tiède grâce aux eaux thermales qui ruissellent vers le lac.

Des phacochères solitaires courant dans la brousse, des centaines d'antilopes, des centaines de buffles en liberté chez eux dans la nature.

Au sortir de la ville de Likasi vers Kolwezi, j'ai vu un groupe de lapins blancs sauvages nous fuyant. Et que dire de la beauté de la levée du soleil à Nzilo au Katanga un jour à mon réveil lors d'une mission dans cette centrale hydroélectrique. Les rayons solaires se reflétaient sur les eaux du Lualaba offrant un merveilleux lever du soleil. La journée, j'ai rapporté ce spectacle à Claude qui se réveilla très tôt le lendemain pour vivre le spectacle.

Dans les années 80, un soir sur la route Kolwezi-Nzilo en pleine savane, nous avions observé dans le firmament une pleine Lune splendide paraissant comme une très grosse boule blanche impressionnante sortant de l'horizon et donnant l'impression d'être très proche de nous et nous permettant de distinguer clairement tout ce qui était autour nous en pleine nuit. C'était une belle Super Lune.

Je termine cette brève et incomplète promenade touristique par cette rencontre impressionnante des eaux des rivières Kasaï et Kwilu démontrant la manifestation de la force de l'eau, et que dire de la merveilleuse vue du Ruwenzori avec ses calottes de glace qui surgit devant vous lorsque vous venez de Beni par route. Plus bas, le village Mutwanga au pied du majestueux massif de Ruwenzori qui culmine à 5 119 mètres.

Et enfin, le site d'Inga au Kongo central. A lui tout seul, il regorge d'un potentiel énergétique de quarante mille mégawatts sur les cent mille mégawatts du potentiel national. Et c'est impressionnant lorsque l'on survole ce site en hélicoptère. En avion, à l'atterrissage ou au décollage de l'aéroport d'Inga qui est construit très près du fleuve sur la rive droite, on a toujours en quelques secondes des sensations particulières en survolant cet endroit en regardant le fleuve dans un grand élargissement. L'espoir c'est de voir ce site devenir une destination touristique à l'avenir lorsque le Grand Inga, un des plus grands projets hydroélectriques au monde sera réalisé sur le fleuve Congo.

Je termine ces pages par l'épilogue qui me sert de conclusion de ce livre.

14

Épilogue

Nous avons essayé dans ce livre de décrire la situation du Congo depuis sa création. En réalité, depuis plus de soixante ans après l'indépendance, le pays fait du sur place avec les mêmes maux : la mauvaise gouvernance, l'insécurité et la dégradation des valeurs morales qui régissent la société. Les conséquences sont incalculables sous divers aspects.

À vrai dire, la constitution et les lois de la République démocratique du Congo sont bonnes, le pays peut s'en sortir rien qu'avec les lois en vigueur. Le problème se situe au niveau de la sociologie et des mentalités des populations. Les dirigeants ne sont que l'émanation des populations. Nous ne sommes pas parvenus à fonder une vraie nation. Une république rythmée par le tribalisme cesse d'être une république, car la république fonctionne avec des citoyens selon des lois et non avec des communautés selon des coutumes. Comment peut-on prétendre être unitariste-nationaliste lorsque l'on est tribaliste ?

La tenue des forums entre Congolais avec la participation des tribus comme telles est la voie incontournable pour définir un nouvel ordre. N'ayons pas honte ou n'ayons pas peur de convoquer la rencontre des tribus. De cette rencontre sortiraient des orientations à soumettre aux référendums. Les volontés de chaque communauté devraient être prises en compte.

La réussite d'un bon processus électoral est tributaire d'une consultation préalable des Congolais, une démarche contraire produirait des situations plus compliquées pour ce pays confronté à des rébellions, des conflits non résolus entre communautés, des problèmes socio-économiques divers et à un déficit de gouvernance manifeste. C'est mieux de balayer toutes les questions qui empoisonnent la vie des Congolais en discutant, entre autres, sur la meilleure forme de l'État avant de s'inscrire aux joutes électorales. Tout étant monnayé dans ce pays, on devra vraiment s'interroger sur la pertinence des élections comme mode de choix des dirigeants à tous les niveaux.

Nous avons en mémoire les élections de 2006 qui ont produit la rivalité entre Jean-Pierre Bemba et Joseph Kabila. Des balles ont sifflé à Kinshasa. En 2011, une autre situation a été vécue. Un Président a prêté serment dans la Commune de la Gombe dans des installations officielles tandis qu'un autre posait le même acte au siège de son parti dans la Commune de Limete à Kinshasa. C'était la rivalité entre Etienne Tshisekedi et Joseph Kabila. En 2018, c'est une autre contestation des résultats des élections présidentielles qui a été vécue opposant cette fois Martin Fayulu à Felix Tshisekedi. Et en 2023, c'est un processus électoral ambigu qui a semé le doute sur la tenue des élections. Elles ont tout de même eu lieu à la date fixée le 20 décembre 2023, mais ce jour-là, des scènes de chaos ont été vécues dans de nombreux sites du pays.

Avec le gâchis politique au Congo étalé sur plusieurs décennies, nous pensons que la Belgique en tant qu'ancienne puissance coloniale, les puissances qui ont participé à la conférence de Berlin en 1885 (Allemagne, Autriche-Hongrie, Belgique, Danemark, Turquie-Empire ottoman, Espagne, États-Unis, France, Grande-Bretagne, Italie, Pays-Bas, Portugal, Russie et Suède) et l'ONU, ont un rôle particulier à jouer pour la stabilisation du Congo et pour son devenir. C'est à Berlin que le partage de l'Afrique a eu lieu, le roi Léopold II est devenu propriétaire du Congo qu'il a conçu et obtenu avec l'accord des puissances mondiales de l'époque. Ce partage a fait que des autochtones des royaumes, des empires, des clans qui parfois étaient antagonistes, ont été groupés et forcés de vivre ensemble sous l'autorité coloniale pendant des décennies et se voir « abandonner » à l'indépendance et livrer à des alternances de pouvoirs dont la légitimité a toujours posé problème.

Les pays cités ont une certaine responsabilité sur la situation de cette « créature fabriquée » à Berlin. L'indifférence c'est de la complicité.

Georges-Henri Dumont dans son livre « La vie quotidienne en Belgique sous LEOPOLD II, 1865-1909 : une époque décisive » dit, en subsistance, que lorsque l'aventure du roi Léopold II au Congo commença à produire des résultats palpables, les mentalités en Belgique changèrent. De plus, la mobilisation des Belges pour la mise en valeur du Congo cimenta les relations entre les deux communautés flamande et wallonne. Ce n'est pas rien.

Pour ces pays cités, il va de soi que la stabilité et le développement du Congo vont naturellement réduire l'impact du mouvement migratoire vers l'Occident qui est un phénomène que redoutent les Européens.

Une facilitation incitative de ces pays en faveur des Congolais pour mettre en place de meilleures structures politico-administratives serait l'aide idéale. Cette intervention jouerait le rôle de catalyseur, car aujourd'hui à l'interne, la classe politique est incapable de prendre l'initiative d'un vrai changement pour des raisons d'intérêts partisans. On ne peut aussi rien espérer du monde du savoir du fait de l'effondrement de l'élite intellectuelle congolaise.

Nous avons atteint le nadir de la médiocrité. Nous ne pouvons pas continuer comme ça. C'est insensé. Le redressement du Congo est un devoir pour sortir ses populations de la misère sans fin qui colle à la peau de ses concitoyens dont la majorité tire le diable par la queue depuis des décennies. Les options sont à lever maintenant : une République unitaire basée sur des quotas pour qu'elle ne soit pas un système contre nature, un État fédéral comme déjà plébiscité plusieurs fois ou simplement des États faisant partie d'une Confédération. Si cela se conçoit bien, la Confédération donnerait à chaque communauté ou groupes de communautés rassemblées, l'opportunité de manifester leurs spécificités dans une ambiance de saine émulation entre États. La Confédération va générer le respect réciproque entre les tribus. La culture et le paradigme de chaque peuple seront mis en évidence et apporteront une détente sur toute l'étendue de l'espace Congo. Le pays dispose des compétences suffisantes pour mettre au point de nouveaux choix.

Les options retenues devront être soumises à un référendum constitutionnel dont les résultats devraient recueillir simultanément la majorité au plan national et au niveau de chaque communauté. Les opinions divergentes devraient être aplanies pour que l'adhésion à la nouvelle constitution soit totale avec la prise en compte des vraies spécificités de chaque communauté. La nouvelle constitution devrait comprendre suffisamment de verrous pour protéger les secteurs étatique et paraétatique de toutes les velléités qui les transformeraient en un grand marché d'enrichissement facile.

Rappelons-nous que la première fois que les Congolais ont eu l'occasion de se rencontrer et de discuter fut lors de l'Exposition universelle de Bruxelles de 1958, l'Expo de Bruxelles, où les gens de Kinshasa, de Lubumbashi, de Kisangani, de Bukavu et d'autres centres du pays ont pris conscience des dimensions de leur pays.

Rappelons-nous aussi que les Belges et les Congolais ont bâti ensemble le Congo qui, avant sa cession aux mains des purs Congolais, avait atteint un développement remarquable par rapport à de nombreux pays du monde. Le Congo fut la deuxième puissance industrialisée subsaharienne avec l'Afrique du Sud dans les années de la Deuxième Guerre mondiale. Mais, l'indépendance marqua le point de départ de la déchéance du pays. De cela est venu l'humour des Congolais « Ah, à quand la fin de l'indépendance ». C'est triste que l'accession à la souveraineté internationale d'un pays soit le repère de ses malheurs en temps modernes.

Les Congolais, lorsqu'ils sont bien formés, sont capables de grandes prouesses dans tous les domaines. Souvenons-nous que lors de la Première Guerre mondiale, la Force publique congolaise, l'armée du Congo belge, pour protéger la colonie, est intervenue victorieusement sur le front de l'Afrique orientale allemande en 1916-1917 (Burundi, Rwanda et Tanzanie continentale) sous le commandement belge en mettant en déroute des troupes allemandes. De même, pendant la Deuxième Guerre mondiale, la Force publique congolaise avait mis en déroute des troupes italiennes alliées aux Allemands sur le front de l'Abyssinie (Éthiopie). Le Congo belge avec son armée avait, en effet, participé à la chute de la brève colonie italienne d'Éthiopie de Mussolini qui n'a existé que pendant cinq ans, de 1936 à 1941, cela facilita, dit-on, le retour au pouvoir de l'empereur Hailé Sélassié qui était en fuite.

Rappelons-nous que dans son discours de la proclamation de l'indépendance le 30 juin 1960, le roi Baudouin a rendu un particulier hommage à la Force publique qui avait accompli sa mission avec courage et dévouement sans défaillance.

Des avenues de la ville de Kinshasa rappellent les noms des villes conquises par la Force publique congolaise : Tabora, Dodoma et Mahenge en Tanzanie et Assossa, Gambela et Saïo en Éthiopie. Les Congolais étaient également présents en Égypte, en Birmanie et dans d'autres sites pendant la Deuxième Guerre mondiale notamment.

C'était des guerres terribles pour ces soldats dévoués : des privations, des sacrifices, de l'endurance.

C'est un devoir moral d'honorer les anciens qui avaient sacrifié leur vie et qui s'étaient engagés avec courage dans des guerres imposées dont les enjeux ne concernaient que les grandes puissances. Mais sans ces victoires, peut-être que les abus des coloniaux seraient insignifiants en comparaison d'une tyrannie raciste plus grave d'Hitler. Dieu seul sait.

Un autre fait à signaler ce sont les énormes sacrifices consentis par les blancs et les noirs lors de nombreux travaux d'infrastructures réalisés au Congo belge. Je retiens ceux relatifs à la construction du chemin de fer Matadi-Léopoldville (Kinshasa). La vallée de la Mpozo à Matadi était une vaste tombe : des centaines d'hommes y sont morts à la tâche. Des mois d'un labeur épuisant et désespérant. Parmi les travailleurs, des Européens, des Lagos (Nigéria), des Accras (Ghana), des gens embarqués en Sierra Leone, des Chinois, des autochtones, etc.

L'hommage à rendre à ces personnes serait la réhabilitation de cette voie ferrée ou sa rénovation pour marquer la continuité des efforts déployés jadis et de faire en sorte que ces infrastructures demeurent profitables à l'économie du pays.

Un sage a dit en substance qu'avant de changer un système quelconque, il est impératif d'en faire au préalable un sujet de discussion, d'échanger contradictoirement et inclusivement pour parvenir, dans la sincérité, au meilleur système alternatif à adopter. Ces préalables ont manqué lors des mouvements d'indépendances dans les années 1960 que Nelson Mandela a individuellement plutôt capitalisé pour l'Afrique du Sud en 1990.

Nous avons l'obligation de passer par des métamorphoses profondes pour que volontairement, individuellement et collectivement, nous adhérions à des principes d'éthique et de morale. Pour y parvenir, des méthodes plutôt rigides peuvent aider à la réussite. L'option de la Confédération demeure une piste qui permettrait d'atteindre plus aisément ces objectifs. C'est l'un des meilleurs chemins pour réconcilier les peuples congolais entre eux-mêmes dans des configurations qui rappellent les anciens États (Le Royaume Kongo, le Royaume Lunda, le Royaume Luba, le Royaume Teke, le Royaume Yaka, le Royaume Azandé, les riverains de l'Entre-Congo-Ubangi, le peuple mongo, les Kuba, les Ngbandi, les Mangbetu, les Wagenia, les royautés des Grands Lacs, etc.). La Confédération est le régime qui cadre parfaitement avec notre histoire et qui va nous épargner d'une Balkanisation sauvage que tout le monde regretterait. En réalité, l'assemblage d'anciens royaumes autonomes par Leopold II a fait du Congo un empire. Qui dirige le Congo est de fait à la tête d'un empire composé de plusieurs États. Ainsi, avec la sociologie des peuples constitutifs, le Congo ne peut naturellement survivre que dans un cadre fortement décentralisé.

Nous devons reconnaitre que par son étendue, de la forme centralisée actuelle de l'État et des mentalités, aucun Congolais ne peut être en mesure de redresser à court terme et efficacement ce grand pays, quelle que soit sa bonne volonté. Il n'est plus possible d'avoir un seul homme fort dans le pays. Les circonstances politiques ont donné au Marechal Mobutu la chance d'être un homme fort, mais après lui le pays est devenu visiblement pluriel, conséquence des méfaits du mobutisme et de la manière dont le pays a évolué après lui. À cela s'ajoute la nature du Congolais lui-même et l'activisme des pays limitrophes. La crise congolaise ne va jamais se dénouer si la forme de l'État ne change pas.

Enfin, pourquoi ne pas se lancer dans une nouvelle appropriation de nos terres congolaises par nous-mêmes en sortant des schémas anciens : un nouveau modèle d'organisation à nous tout en gardant nos frontières pour respecter le principe d'intangibilité des frontières héritées de la colonisation.

Revisitons notre passé en identifiant toutes les erreurs commises pendant l'époque de Léopold II, celles commises pendant la colonisation belge et les nombreuses fautes des dirigeants qui se sont succédé au pouvoir à Kinshasa. Sur la base de cette évaluation, bâtissons rationnellement et ensemble un Nouveau Monde pour entrer consciemment et fièrement dans l'histoire sous la désignation de la confédération congolaise. Un nouveau démarrage avec des peuples réconciliés sur fond de repentance des nationaux qui les ont fait supporter des souffrances inutiles pendant des décennies après l'indépendance.

Les arrangements politiques qui ne toucheraient pas à la forme de l'État ne feraient que prolonger l'état de fragilité du pays et retarderaient l'avènement de la félicité aux peuples du Congo. En effet, l'absence de réformes sérieuses va plomber le pays dans un cycle infernal qui tournera en boucle jusqu'à sa faillite totale. Le temps est donc venu pour chaque Congolais de parler à haute voix. Refaisons la Table ronde de Bruxelles, mais cette fois-ci avec des Congolais qui ont acquis de la maturité après plus de soixante ans d'indépendance.

Alors, débâtons et mettons-nous au travail pour bâtir le nouveau Congo composé d'entités démocratiques homogènes où chaque groupe va réellement exister en bonne intelligence avec les autres.

Bibliographie

1. René J. CORNET, La Bataille du rail, La construction du chemin de fer de Matadi au Stanley Pool, L. Cuypers, 3e édition, 1953

2. David Van REYBROUCK, Congo, Une histoire, Actes Sud, 2012

3. François RYCKMANS, Mémoires noires, Racine RTBF, 2020

4. Isidore NDAYWEL è NZIEM, Brève Histoire du Congo, Des origines à la République démocratique, MEDIAPAUL, 2015

5. Georges-Henri DUMONT, La Vie quotidienne en Belgique sous LEOPOLD II, 1865-1909 : une époque décisive, Marabout HISTOIRE (MU 450)

6. Eric VUILLARD, Congo, récit, Actes Sud, 2012

7. Dominique AUZIAS, PETIT FUTE CONGO RDC, Les Nouvelles Éditions de l'Université, 2015

8. MANDJUMBA MWANYIMI-MBOMBA, Chronologie générale de l'histoire du Zaïre (des origines à 1988), 2e édition, Centre de recherches pédagogiques, 1989

9. CIBAKA CIKONGO, LE MAL CONGOLAIS, Lecture, constantes et conversions, Cahier Nouvel Arc-en-Ciel n° 1, Theologicum Christ-Roi de Malole, 2012

10. Charles DJUNGU-SIMBA K., La CHÈVRE, LA CORDE et l'HERBE AU CONGO-ZAÏRE, Genèse d'une passion d'écrire, L'Harmattan, 2002

11. MUSÉE ROYAL DE L'AFRIQUE CENTRALE, Congo : Colonisation/ décolonisation, L'histoire par les documents, 2012

12. JEUNE AFRIQUE, Hebdomadaire international indépendant, n°2918 du 11 au 17 décembre 2016

13. R. P. G. VAN BULCK, S. J., Institut Royal Colonial Belge, ORTHOGRAPHIE DES NOMS ETHNIQUES AU CONGO BELGE suivie de la nomenclature des principales tribus et langues du Congo belge, 1954,

14. République démocratique du Congo, Mon beau pays, 2010, 3e édition revue et corrigée, MEDIAPAUL

15. République démocratique du Congo, Ministère du Plan, Institut National de la Statistique, Annuaire statistique 2015, mars 2017

16. Wikipédia, création de l'Association internationale du Congo le 17 novembre 1879

17. Voyage apostolique au Congo, discours du Saint-Père, le Pape François, à la rencontre avec les Autorités, les

représentants de la société civile et le Corps diplomatique à Kinshasa, le 31 janvier 2023

18. CAIRN.INFO, CRISP, La conférence de la Table ronde belgo-congolaise, 1960/12 n° 12

19. MEULENBERGH, Jean. Diffusion des eaux du fleuve Congo dans les eaux de l'Atlantique, Académie Royale des Sciences d'Outre-Mer, Bruxelles 1968

20. Charles ONANA, Holocauste au Congo, Éditions de L'Artilleur, 2023

21. Daniel MUKOKO SAMBA, Guérir le Congo du mal zaïrois, Éditions Academia

22. RTBF, Monde Afrique, Congo 1960 — Épisode 9 : le 6 juillet 1960, le Congo s'embrase

23. Georges BALANDIER, Le royaume de Kongo du XVIe au XVIIIe siècle, Collection Pluriel, 2013

24. Revue Congo-Afrique, Economie-Politique-Vie sociale-Culture, n° 574, avril 2023

25. Léon de Saint Moulin, Atlas du jubilé d'or de la RD Congo, Routes d'aménagement prioritaire selon les crêtes de peuplement, Kinshasa 2011

Table des matières

Dédicace 7
Remerciement 9
Discours du Pape François à Kinshasa 11
Préambule 13
Introduction 17
1. Histoire du Congo avant Leopold II 19
2. La création du Congo 23
3. L'indépendance du Congo 37
4. L'exercice du pouvoir au Congo 55
5. L'attachement irrationnel à la tribu 65
6. Les pratiques religieuses au Congo 73
7. L'éducation et la formation de la jeunesse 79
8. L'apprentissage de la démocratie 83
9. Les matières pour le débat citoyen 91
10. L'État unitaire de quotas 99
11. L'État fédéral de quotas 113
12. La Confédération 117
13. Un brin de tourisme 131
14. Épilogue 135
Bibliographie 145
Table des matières 149

Structures éditoriales du groupe L'Harmattan

L'Harmattan Italie
Via degli Artisti, 15
10124 Torino
harmattan.italia@gmail.com

L'Harmattan Hongrie
Kossuth l. u. 14-16.
1053 Budapest
harmattan@harmattan.hu

L'Harmattan Sénégal
10 VDN en face Mermoz
BP 45034 Dakar-Fann
senharmattan@gmail.com

L'Harmattan Cameroun
TSINGA/FECAFOOT
BP 11486 Yaoundé
inkoukam@gmail.com

L'Harmattan Burkina Faso
Achille Somé – tengnule@hotmail.fr

L'Harmattan Guinée
Almamya, rue KA 028 OKB Agency
BP 3470 Conakry
harmattanguinee@yahoo.fr

L'Harmattan RDC
185, avenue Nyangwe
Commune de Lingwala – Kinshasa
matangilamusadila@yahoo.fr

L'Harmattan Congo
219, avenue Nelson Mandela
BP 2874 Brazzaville
harmattan.congo@yahoo.fr

L'Harmattan Mali
ACI 2000 - Immeuble Mgr Jean Marie Cisse
Bureau 10
BP 145 Bamako-Mali
mali@harmattan.fr

L'Harmattan Togo
Djidjole – Lomé
Maison Amela
face EPP BATOME
ddamela@aol.com

L'Harmattan Côte d'Ivoire
Résidence Karl – Cité des Arts
Abidjan-Cocody
03 BP 1588 Abidjan
espace_harmattan.ci@hotmail.fr

Nos librairies en France

Librairie internationale
16, rue des Écoles
75005 Paris
librairie.internationale@harmattan.fr
01 40 46 79 11
www.librairieharmattan.com

Librairie des savoirs
21, rue des Écoles
75005 Paris
librairie.sh@harmattan.fr
01 46 34 13 71
www.librairieharmattansh.com

Librairie Le Lucernaire
53, rue Notre-Dame-des-Champs
75006 Paris
librairie@lucernaire.fr
01 42 22 67 13

www.ingramcontent.com/pod-product-compliance
Lightning Source LLC
LaVergne TN
LVHW021229061026
849535LV00008B/2992